JOHN VAN DEN HEUVEL

Wim Leenheer
20-11-2022
van H/W

JOHN VAN DEN HEUVEL

Een lustrum lang extreme beveiliging

BERT DIJKSTRA

Omslagontwerp: Buro Blikgoed, Haarlem
Vormgeving binnenwerk: Studio L.E.O. Alkmaar
Foto omslag: William Rutten

ISBN: 9789083248370

ezowolf.nl

VOORWOORD

Het lustrum in december 2022 is geen felicitatie waard. Vijf jaren van extreme bewaking door de Dienst Koninklijke en Diplomatieke Beveiliging (DKDB) omdat jouw naam bovenaan de dodenlijst van de Mocro-maffia staat. Vijf jaren waarin de bewegingsruimte van de journalistieke vrije geest tot beklemmende proporties is teruggebracht.

Dan ontstaat al snel het beeld van een slachtoffer dat ons aller medelijden verdient. Van een man wiens leven wordt vergald door de dreiging van een gewelddadige dood. Van een kluizenaar tegen wil en dank, 'gegijzeld' door de meedogenloze agressie van de zware misdaad.

Ik heb daar tijdens de maanden dat ik John van den Heuvel – om dit boek te kunnen schrijven – mocht volgen niets van gemerkt. Integendeel. Naast hem op de achterbank van gepantserde bolides op weg naar de *RTL Boulevard*-studio, het PSV-stadion, een podcast van Najib Amhali in Osdorp, het Marengo-proces in de extra beveiligde rechtbank *De Bunker*, de 'aanslaghal' van het Telegraafgebouw, de moordzaak van Peter R. de Vries in rechtbank Amsterdam, een Belgisch tv-optreden bij Gert Verhulst in Antwerpen, een tv-opname in het Rijksmuseum... Tijdens al deze ritjes, bij al deze gelegenheden en ook tijdens de vele interviews zag ik een misdaadverslaggever die – uiteraard – z'n moeilijke momenten kent, maar bovenal energie put uit wat de onzichtbare vijand hem wil aandoen.

Geen angst, maar kracht. Niet het half lege glas van het doemdenken, maar het half volle van het optimisme. Niet de machteloosheid van het onzekere, maar de soevereiniteit van een sterk mens die weet wat hij wil. Geen held, maar gewoon een journalist die z'n werk wil doen en daarin niet wenst te wijken voor de terreur van criminelen. Levenskunstenaar, dynamisch balancerend op de grens van wat nog kan en wat niet meer kan. Z'n 60e verjaardag vierend op tweede kerstdag 2022, in de week waarin het vijf jaar geleden is dat zijn extreme beveiliging begon.

Lang zal-ie leven in de gloria.

Bert Dijkstra
November 2022

1

'IK BEN HIER NOG NIET KLAAR'

Ben je bang voor de dood, John?

'Nee. Je denkt wel eens na over hoe je aan je eind kunt komen. Dan heb ik wel m'n voorkeur... Niemand hoopt op een pijnlijke dood, ook ik niet. Als het toch moet gebeuren, dan maar snel. Dat je er weinig van meekrijgt. Maar goed, dat heb je niet voor 't zeggen. Is afwachten. Ik ben gelovig, heb niet het idee dat het hiermee eindigt. Denk ook dat je verantwoordelijkheid moet afleggen voor wat je hebt gedaan. Ook ik zal boven tekst en uitleg moeten geven over wat ik fout deed... en de consequenties aanvaarden.'

Vind je dat je de afgelopen jaren genoeg respect voor het leven hebt getoond?

'Je bedoelt: door als misdaadverslaggever bij herhaling de randen van het ravijn op te zoeken? Ik heb zéér veel respect voor het leven, vind mezelf geen *thrillseeker*. Ik zet misschien een stapje verder dan anderen, maar zoek de gevaren niet op. Sommige risico's zijn beheersbaar, ze allemaal uitsluiten kun je nooit. Ik voel altijd de verantwoording, zeker voor de mensen om me heen. Naarmate je ouder wordt, ga je steeds beter zien hoe kwetsbaar het aardse bestaan is. Hoe niet-maakbaar ook. In de hectiek van 't moment zie je vaak niet waar het echt om draait. Ik probeer mijn zoons mee te geven: maatschappelijk succes is leuk, maar je wordt 't gelukkigst als je anderen kunt helpen.'

Je hebt gezegd: als ik geen gezin had, liet ik me niet beveiligen.

'Dat zei ik in de emotie van het moment, toen ik door extra beveiligingen tijdelijk m'n werk bij *RTL Boulevard* niet kon doen. Na wat er met Peter R. de Vries is gebeurd, zou het dom zijn om die woorden te herhalen. Dan zou ik levensmoe zijn, dan zou het me niet meer kunnen schelen wat me kan overkomen. Een stukje in mij wil nog altijd worden verlost van de beveiliging. Het vleugje vrijheidsdrang, dat je op de fiets wil stappen en onbekommerd het bos in wil of lekker op een terras wil zitten. Maar het verstand wint. Gelukkig. Ik ben hier nog niet klaar.'

2

GAST VAN NAJIB AMHALI

Bam. Een zware klap laat op twee hoog aan het Keurenplein in Osdorp, Amsterdam, de ruiten trillen. Een grote camera beeft nog wat na, een kleinere schuift heen en weer op een rails van zwart metaal. Cabaretier Najib Amhali kijkt naar Van den Heuvel.

'Ja hoor, John is hier', zegt hij theatraal spottend.

Gortdroog antwoordt de misdaadverslaggever: 'Ik zie geen causaal verband tussen deze ontploffing en mijn aanwezigheid.' Amhali staat op, beent met gezwinde pas door de gang, de trap af, op zoek naar de oorzaak van de dreun. De jongens van 't beeld en 't geluid kijken – balancerend tussen schrik en nieuwsgierigheid – door het raam, de opnames worden stilgelegd. Aan de gesprekstafel leunt de gast van de dag ogenschijnlijk akelig kalm achterover, alsof er even gepauzeerd moet worden vanwege reclameboodschappen. Achter hem aan de muur krijgt de in knalroze neonverlichting verpakte naam van de podcast waarin hij vanavond te gast is iets cynisch:

Wat kan mij nou gebeuren?

Welkom in de wereld van John van den Heuvel.

En de samenscholing op een bedrijventerrein pal naast *De Bunker* – officiële naam: rechtbank Amsterdam – is nog wel zo ontspannen begonnen. 'Ik zit hier in het hol van de leeuw', sprak hij bij binnenkomst gekscherend, wijzend in de richting van het extra beveiligde gebouw waarin hij al met al maanden heeft doorgebracht voor het Passageproces rond huurmoorden die deels werden toegeschreven aan Willem Holleeder en het Marengo-proces rond Ridouan Taghi. Maar als in de aanloop naar de podcastopnames op een huiselijke keukentafel dampende pasta's worden neergezet, lijkt de wereld van dreiging en chronische bewaking even ver weg. Op een schaal ligt een berg mini-Twixen, -Bounty's en -Marsen, het koelkastje zit vol frisdrank. Buiten waken de-mannen-met-de-oortjes over de veiligheid van de journalist die recent te horen heeft gekregen dat hij nog altijd met stip op 1 staat op de dodenlijst van de zware misdaad. Binnen zitten drie gemoedelijk communicerende mannen met een gemeenschappelijk verhaal waarin drugs een hoofdrol speelt. Die vermaledijde drugs... Handelswaar van de zware criminaliteit, reden voor liquidaties en er indirect ook voor verantwoordelijk dat John van den Heuvel een deel van z'n vrijheid kwijt is.

Mede-presentator Reda Saleh, die lange tijd cocaïne zag als z'n beste vriend waarmee je lol kon beleven en waaraan je ook nog een leuk centje kon verdienen, totdat verslaving de *Best Friend Forever* veranderde in een verderf en verdriet zaaiende vijand. Najib Amhali, die gedrogeerd door roem en succes verdwaalde in het witte poeder, met als publiek dieptepunt een optreden in het tv-programma *Wie Ben Ik?* 'Ik kan die beelden niet terugzien', zegt hij. 'Was volledig opgefokt, stortte mij zo belachelijk fanatiek op de vragen – zelfs als die aan anderen waren gesteld – dat presentatrice Wendy van Dijk tegen me zei: 'Najib, het moet hier wel een beetje leuk blijven.' John, jij was erbij, jij moet toch ook hebben gedacht:

waar is die gozer mee bezig?' Van den Heuvel knikt. 'Ik zat bij jou in het team en had wel een vermoeden, maar hoopte dat ik me vergiste.'

Hij weet hoe het is om op het randje van lager wal te balanceren. Aan tafel met twee Nederlanders van Marokkaanse komaf blikt hij terug op de donkere dagen uit zijn jeugd in Eindhoven. Z'n ouders gingen scheiden en vonden dat er niet langer gezwegen kon worden: pa was niet z'n biologische vader. Dat was een Marokkaan die al voor z'n geboorte was vertrokken. De jonge John voelde zich belazerd, was boos op de wereld in het algemeen en op z'n beide vaders in het bijzonder. Hij ging drinken, spijbelen, vervelend doen, belandde een nachtje in de cel, maar bleef wel met een grote boog om café *De Poort van Kleef* heenlopen, dé Eindhovense drugstent van die dagen.

Hij kreeg het poeder pas jaren later voor 't eerst pal onder z'n neus toen hij als undercoveragent moest infiltreren in drugsbendes om de criminelen aansluitend op te kunnen pakken. In het bedrijfspandje aan het Keurenplein legt hij z'n rechterhand demonstratief op tafel. 'De kunst was om het spul niet binnen te krijgen, dus dan drukte ik m'n vochtige handpalm op het poeder en deed ik net alsof ik snoof, om de hand daarna razendsnel af te vegen aan m'n broek.'

Dat is het verschil met de misdaadjournalist van nu. Als undercover word je niet bedreigd, maar kom je in bedreigende situaties. Daar kun je je enigszins op voorbereiden. Je wist: we gaan een grote drugsdeal sluiten en je zit tegenover mensen met wapens. Kon je op anticiperen. Als het penibel werd, waren er twee mogelijkheden: of je lult je eruit, of ze schieten je door je hoofd. Maar na de operaties was er ook weer rust. Nu is sprake van constante energievretende dreiging. Had één van z'n zoons geopperd om undercoveragent te worden, dan zou Van den Heuvel hebben geantwoord: *ben je knettergek geworden?* En hetzelfde geldt voor een baan als misdaadverslaggever.

Als agent van het Amsterdamse politiekorps zag hij al hoe stimulerende middelen de stad volledig ontwrichtten. In 'zijn' Transvaalbuurt wemelde het van de crackpanden en jeugdbende de *Oost-Baby's* speelde de stoere jongen. Kwam er een crimineeltje naar hem toe: 'Sta ik in jullie opsporingsregister?' Zei Van den Heuvel: 'Stap maar in, dan gaan we samen kijken op het politiebureau.'

'Het was een chaos toen en het is er niet echt beter op geworden. Ouders hebben laten gebeuren dat jongeren drugs normaal zijn gaan vinden. Je kunt de handel niet hard genoeg aanpakken, maar het is ook goed om kritisch naar de vraagkant te kijken. Een verse anti-drugscampagne is wenselijk. Ik wil me zo min mogelijk met politiek bemoeien, maar D66 en GroenLinks die pleiten voor het vrijgeven van drugs, ik vind dat buitengewoon onverstandig.'

Van den Heuvel kijkt naar Amhali en Saleh, die hun treurige ervaringen gebruiken voor hun tegen drugs waarschuwende podcast. 'Hebben jullie geen godsgruwelijke hekel gekregen aan lieden die cocaïne aanbieden?' Hij pakt z'n mobieltje om ze een fragment te laten zien uit een tv-programma van Danny Ghosen. Een interview met crimineel Mink Kok, zich tot ergernis van de misdaadverslaggever presenterend als een professor in de ethiek. 'Hier, luister wat hij zegt. *Cocaïne is totaal niet schadelijk*. Aldus de man die tientallen miljoenen heeft verdiend aan de ellende die het spul veroorzaakt. En sommige welgestelde recreatieve gebruikers op de Zuidas zijn het misschien nog wel met hem eens ook. Die types zouden moeten beseffen dat zij met hun gedrag een crimineel milieu spekken dat er niet voor terugdeinst om zelfs onschuldige mensen te liquideren.'

Een milieu ook dat er verantwoordelijk voor is dat hijzelf al vijf jaar zwaar bewaakt moet worden, kan hij eraan toevoegen, maar dat doet hij niet. Want als hij ergens een hekel aan heeft, dan is 't aan een slachtofferrol. Ja, het is lastig – om niet te zeggen: frustrerend – dat je als journalist niet spontaan in je auto kunt stappen wanneer je telefonisch bent getipt over een mooi verhaal. Dat er altijd van alles en nog wat geregeld moet worden voordat je de deur uit kunt op zoek naar nieuws. 'Journalistiek is toch het symbool van de vrijheid', zegt hij. 'Nou ja, dat zou het moeten zijn.'

Er staat op deze dag in *De Telegraaf* een opinie van zijn hand, onder het kopje: *'Professor' valt door de mand.* Die professor is Mink Kok, al dertig jaar een belangrijke speler in de onderwereld en nu in Beiroet gearresteerd. Van den Heuvel verbaast zich erover dat alle aandacht is gericht op Kok en niet op diens eveneens opgepakte schoonzoon Najim Z., een belangrijke schakel in het crimineel samenwerkingsverband rond Ridouan Taghi. *Waarom vinden politie en OM de arrestatie van Z. zo belangrijk?* schrijft de misdaadverslaggever. *Achter de schermen werkt de recherche al geruime tijd aan het afbreken van de hele machtsstructuur rond Ridouan Taghi. Die werkwijze leidde tot arrestaties van Nederlandse en Marokkaanse kopstukken in Suriname, Brazilië, Dubai, Chili, Curaçao en andere landen. Die klopjacht is nog lang niet ten einde.*

Woorden tikken voor de krant die rechtstreeks van invloed kunnen zijn op je eigen leven, voor een buitenstaander is het surrealistisch. Je mening en feiten op papier zetten, wetend dat zo'n tekst de roep om jouw scalp in misdaadkringen nog luider maakt, *wat doet dat met een mens?*

'Ik weet dat zo'n stukje weer lieden – al dan niet achter tralies – aanspoort om schuimbekkend te roepen: daar heb je die vieze hond weer! Niet voor niets luidt het adagium van Taghi: 'Wie mijn naam noemt, gaat eraan'. Ik besef dat een analyse als deze de afstand naar een normaal leven verder vergroot, maar je wilt toch weten welke gedachte er achter zulke arrestaties zit.'

Hij heeft een weekeinde lang zitten bellen om er een beeld bij te krijgen. Op zaterdagmorgen was er dat telefoontje: Mink Kok is aangehouden in Libanon. Dan begint het in zijn hoofd te spoken. Hoe komen ze nu ineens bij Mink Kok terecht? Kan geen toevalstreffer zijn. Na het zoveelste belletje binnen zijn netwerk was er ineens dat andere beeld: Mink Kok is louter bijvangst, het gaat om die schoonzoon, die meneer Z. 'Dan begin ik pas echt vrolijk te worden. Dát is een verhaal.' In zo'n geval denkt hij meer aan dat stuk dan aan zichzelf. Dat ene zinnetje *Achter de schermen werkt de recherche al geruime tijd aan het afbreken van de hele machtsstructuur rond Ridouan Taghi*, wat betekent dat voor hém? Niet voor de bevlogen misdaadverslaggever, maar voor de mens die na vijf jaar toch zo langzamerhand wel toe is aan een beetje bewegingsvrijheid.

'Ik weet dat alles wat ik over deze jongens zeg of schrijf een extra *trigger* is. Hebben politie en OM me ook verzekerd. Zolang ik blijf schrijven en praten zal de dreiging niet minder worden, maar ik laat me daardoor niet de mond snoeren. Ik wil niet de held uithangen, ik wil dit werk blijven doen.'

En dan is er op deze druilerige maandagavond in Osdorp plotsklaps die dreun.

Na een minuut of tien keert Najib Amhali terug van zijn straatinspectie.

‘Jochies die leuk dachten te zijn met veel te zwaar vuurwerk’, luidt zijn uitleg. Regelrechte aanslag op de deur van de sportschool even verderop. Reda Saleh glimlacht. ‘We hebben de klap wel mooi opgenomen. Zo’n explosie is een prachtige *teaser* voor een podcast met John van den Heuvel als gast.’

3

ALARM IN PERU

Het is 26 december 2017 als zich op de Amstel in Amsterdam een wonderlijk schouwspel ontvouwt. Er pruttelt een sloepje op het water vol vrolijke mensen, het aardse bestaan vierend van de jarige John van den Heuvel. Aan boord zijn ook twee beveiligers, collega's varen achter hen aan. Twee bootjes. Op de één wordt geproost op het leven, op de ander wordt gewaakt tegen de dood. De misdaadverslaggever ziet hoe zijn zoons van de situatie een spannend spel maken. Ze speuren de omgeving af naar opvallende dingen. 'Pap, hoort die grote Mercedes op de kade er ook bij?', vraagt de jongste. 'Wat een gedoe allemaal', denkt de man die vandaag 55 jaar is geworden.

Hij kijkt naar de bewakers die zo onopvallend mogelijk hun werk doen, maar op dit feestelijke salonbootje toch onmogelijk onzichtbaar kunnen zijn. Ze stáán hier wel mooi, op tweede kerstdag. Hun werk te doen, omdat híj wat te vieren heeft met familie en vrienden. 'We willen niet dat jouw verjaardag wordt verpest', zeiden ze. Hij voelt diep respect voor die mannen. Het bootje, de gasten, de hapjes, de drankjes, alles was geregeld toen zijn leven een paar dagen eerder door dat ene telefoontje van een beleidsmedewerker van het Openbaar Ministerie volledig op z'n kop werd gezet. *Aanslag op jouw leven beraamd... Zeer serieus... 24/7 bewaking door de Dienst Koninklijke en Diplomatieke Beveiliging van de nationale politie...*

Er zou ook een streep door het pleziertochtje moeten. Het plan was om met het salonbootje door de Amsterdamse grachten te varen. Van restaurantje naar restaurantje. Voorgerecht bij de één, hoofdgerecht een stukje verderop. Kon niet. Te gevaarlijk. 'Maar alles is geregeld, iedereen rekent erop', zei John van den Heuvel. Lullend als Brugman bereikte hij een compromis. Niet door de grachten, niet hoppend van eettentje naar eettentje, maar meer controleerbaar over de Amstel. Zijn nieuwe leven, kolderiek ontbrandt op de dag dat hij kaarsjes mag uitblazen.

Er is aan dat alarmerende telefoontje van Justitie een verhaal vooraf gegaan. Een voorgeschiedenis in de herfst. Telegraaf-collega Mick van Wely en hij verdiepen zich in de motorbende *No Surrender*. John wordt gebeld door een spijtoptant. Een gozer die eruit wilde stappen en als reactie in elkaar was geslagen. 'Ik moet jullie spreken', zegt de man vanuit Italië, waar hij zit ondergedoken. Van Wely en Van den Heuvel vliegen erheen. Ze spreken af in een pizzatentje, er is ook een Marokkaans meisje bij van een jaar of 18.

'Ik was bij een vergadering van *No Surrender* die werd geleid door de grote baas zelf, Henk Kuipers', zegt de spijtoptant. Kijkend naar Van den Heuvel: 'Daar is een prijs gezet op jouw hoofd.'

Je reist naar het zuiden van Europa op zoek naar nieuws en krijgt in een Italiaans pizzatentje te horen dat *jíj* het nieuws bent. Van den Heuvel kende situaties in zijn leven dat hij echt schrok. Dit moment hoort daar niet bij. Hij denkt *shit, nu moet ik wel even oppassen* en loopt naar buiten om rustig te kunnen overleggen met de redactie van *De Telegraaf*. Niet omdat hij vindt dat er onmiddellijk actie moet worden ondernomen, maar omdat hij wil voorkomen dat – als er toch iets met hem gebeurt – achteraf gezegd kan worden: waarom heb je het niet verteld? Als er nog iets te vertellen zou zijn.

Het balletje begint te rollen. Een aanspreekpunt bij het OM gaat in gesprek met zijn collega's van Conflict en Crisisbeheersing (CCB). De politie belt: *vind je het goed dat we naar buiten brengen dat je wordt bedreigd vanuit* No Surrender? *Om het plan van die motorbende kapot te maken*. Er verschijnt een persbericht: *prijs op hoofd journalist.*

John van den Heuvel is er niet echt meer mee bezig als hij in de aanloop naar de feestdagen voor zijn tv-programma *Ontvoerd* naar Peru reist. Zijn hoofd zit ook vol met andere zaken. Een jongetje is onwettig meegenomen door zijn moeder. Heftige zaak met veel vertraging. Ze moeten ervoor in Arequipa zijn. Prachtige stad in de Andes, op een hoogte van 2.300 meter. Met één van de mooiste oude kernen van Zuid-Amerika en in het hart de Plaza Armas, waarop ze tussen bonte kraampjes een kerstboom van dertig meter hoog hebben neergezet. Achter de lichtjes zie je in de verte de toppen van de drie vulkanen *Pichu Pichu*, *Chachani* en *Misti*, maar John van den Heuvel heeft er tijdens deze hectische trip geen oog voor.

Terwijl vader Ruud hoopt en bidt dat hij z'n kind mee terug kan nemen, doet de moeder er alles aan om dat plan te dwarsbomen. Van den Heuvel zit een week voor zijn 55e verjaardag in z'n hotelkamer te overleggen, beelden te bekijken en te selecteren als een beleidsmedewerker van het Openbaar Ministerie belt.

‘Waar ben je?’

‘In Peru.’

‘Blijf daar maar.’

‘Waarom?’

‘Omdat je leven hier in Nederland niet veilig is. De bedreiging is buitengewoon ernstig. Hoe langer jij daar blijft, hoe beter wij jouw beveiliging hier kunnen organiseren.’

‘Door wie word ik bedreigd?’

‘We kunnen geen namen noemen, maar het gaat om een ander crimineel samenwerkingsverband. We hebben het vermoeden dat er al een paar mislukte liquidatiepogingen zijn geweest.’

De boodschap raakt hem aanzienlijk harder dan die van de spijtoptant in dat Italiaanse pizzatentje. De uitvoerend producent komt binnen.

‘Wat is er met jóu aan de hand?’

‘Vervelend telefoontje gehad. Ik moet in extreem zware beveiliging.’

Een deel van het tv-team vliegt terug. John van de Heuvel blijft met een paar collega’s drie dagen langer.

Mocht hij nog denken dat het ook deze keer niet zo’n vaart zal lopen met de ontwrichting van zijn leven, dan komt hij landend op Schiphol bedrogen uit. Het heeft er alle schijn van dat er op de luchthaven een actiefilm wordt opgenomen. Pantservoertuigen van de Koninklijke Marechaussee tussen landingsbaan en pier, drie donkere Mercedessen schuin geparkeerd onder de slurf, twee beulen van politiemensen die onmiddellijk nadat het *cabin crew, disarm doors* heeft geklonken het vliegtuig binnenstappen. Van den Heuvel wordt via een trap in de slurf naar een zwaar gepantserde limousine geleid. Voorin zitten twee mannen, strak in het pak, automatische wapens naast zich.

‘Maar m’n koffer dan?’ zegt hij in een wonderlijke opwelling van praktisch denken.

In een hotelkamer bij Hoofddorp niet ver van Schiphol wordt hij opgewacht door Paul Jansen, hoofdredacteur van *De Telegraaf.* ‘We zullen je met alles steunen’, zegt z’n baas. ‘Als je de komende tijd vrij wilt nemen, geen probleem.’ Maar van alles wat Van den Heuvel op dit moment wil, is vakantie vieren het allerlaatste. Hij wil douchen. Schone kleren aantrekken. En in die gepantserde limo als de wiedeweerga naar de studio van *RTL Boulevard* rijden, dan is hij nog net op tijd voor de uitzending. Hij zit er een uur later met een raar gevoel. Met nieuws dat hij niet kan melden: *Telegraaf-journalist onder extreem zware bewaking van de Dienst Koninklijke en Diplomatieke Beveiliging.* Het is de eerste dag van een nieuw leven.

Een etmaal later wordt hij thuis bijgepraat door een vriendelijke reus van de DKDB. ‘Je leven gaat er vanaf nu heel anders uitzien’, zegt de man. ‘Zolang je onder onze protocollen valt, kan je weinig gebeuren. We nemen geen enkel risico, verliezen je geen moment uit het oog.’

En dat is te merken in dat salonbootje op de Amstel. Je verjaardag vieren onder de vleugels van de Dienst Koninklijke en Diplomatieke Beveiliging.

Feestvarken in een gouden kooi.

4

NOOIT MEER ALLEEN

Heb je er rekening mee gehouden dat het allemaal zo lang ging duren, John?

'Nee, absoluut niet. Na het gesprek met de sympathieke reus van de DKDB dacht ik: *Ach, week of drie, dan ben ik er wel vanaf. Zo'n gigantische operatie, dat houden ze nooit lang vol.* Een mens kan zich lelijk vergissen. Ik had altijd al lichtere vormen van bewaking en toezicht. Ik berustte daar noodgedwongen in. Ze hebben toen het hoogste beveiligingsniveau rondom mij opgetuigd en dat is nooit meer teruggedraaid. Ik ben eraan gewend geraakt dat veel spontaniteit uit je leven kan verdwijnen. Je agenda wordt letterlijk leidend. Je bent nooit meer alleen. Zodra ik m'n neus buiten de deur steek, staan er mensen om me heen. Alles wordt 24/7 in de gaten gehouden. Dat is onvermijdelijk en dat maakt het ook zo pittig. Ieder mens heeft behoefte aan privacy, even op jezelf kunnen zijn, even geen poespas om je heen. Maar het is zoals het is.'

Klinkt uit jouw mond opvallend berustend.

'Je moet je draai erin zien te vinden. Jezelf afsluiten als dat nodig is. Soms net doen alsof de beveiligers er niet zijn. Het klinkt misschien ongezellig, maar achterin die auto's doe ik vaak een koptelefoon op. Om me een beetje af te zonderen, een mentale vlucht in een andere wereld. Muziek luisteren. Filmpje kijken. Of werken. Ruwe montages bekijken van producties. Ieder nadeel heeft z'n voordeel. Als je zelf rijdt, kom je om de haverklap in tijdrovende files terecht. Ben je eindelijk thuis, moet je nog twee uur werken. Bellen, mailtjes versturen, tikken. Dat kan nu op de achterbank. Is toch een voordeel. Zo ga je automatisch denken. Je moet vooral kijken naar de dingen die nog wél kunnen.'

5

VERRAAD MAAKT WOEDEND

Het is 29 maart 2018 als in De Bunker een schokkend bericht binnenkomt. Het proces tegen Willem Holleeder sleept zich vandaag traag voort en uitgerekend hier – het huis van de rechtspraak, de tempel waar misdaadbestrijding vaak door rechters wordt beloond met gevangenisstraffen voor criminelen – sijpelt het nieuws door dat de Mocro-maffia weer een stap verder is gegaan in het choqueren van het gezag.

De broer van Nabil B, kroongetuige in het Marengo-proces, is op klaarlichte dag in Amsterdam-Noord doodgeschoten.

Reduan B, opgegroeid in Utrecht en eigenaar van een goedlopend marketingbedrijfje in de hoofdstad. 'Onze knuffel-Marokkaan' noemden ze hem bij voetbalclub Domstad Majella. Man met een bloeiend sociaal leven en geen strafblad, louter en alleen uit het leven geknald omdat hij familie is van crimineel Nabil B. *Ik ga iedereen in Nabil B's omgeving laten slapen als hij mijn naam heeft genoemd* zei Ridouan Taghi over de kroongetuige die inderdaad – voor strafvermindering – de naam van de bendeleider noemde.

Onschuldigen vermoorden om een crimineel te raken, ze zijn nu echt knettergek geworden, denkt John van den Heuvel voordat hij in De Bunker een knop omzet. Even niet langer focussen op Holleeder in het verdachtenbankje, maar op de harde actualiteit van de straat. Van 't kantoor van een beletteringszaakje om precies te zijn. Reduan B. zat daar achter z'n bureau toen hij met meerdere kogels om het leven werd gebracht.

Als de misdaadverslaggever de nieuwsdienst van *De Telegraaf* wil bellen om te overleggen hoe het verhaal gebracht moet worden, trilt zijn mobiel. Een belangrijke informant, ziet hij op het schermpje. Hij neemt op en hoort:

'John, ik heb interessante dingen gehoord over de moord op die broer van Nabil B, kunnen we ergens afspreken?' Van den Heuvel denkt na. Wat is het meest geschikte hotel om met die man te gaan zitten? Niet te ver van De Bunker en belangrijker nog: niet te opvallend. Hij noemt een naam.

'Ik zie je daar zo.'

'Ja en nu?' mompelt hij in zichzelf als hij z'n mobieltje in zijn zak steekt. Normaal gesproken had hij al in z'n auto gezeten, maar extreme beveiliging is niet normaal. Hij stapt naar de man die in de hoek van de steriele – om niet te zeggen: saaie – ruimte zijn observerende werk doet.

'Ik moet buiten de agenda om naar een afspraak', zegt hij. De beveiliger overlegt via *de oortjes* met z'n collega's in de parkeergarage. Er is telefonisch contact met kopstukken van Justitie en na enige tijd komt er groen licht. 'We kunnen gaan', zegt de beveiliger. Een uur nadat de tip binnenkwam zit Van den Heuvel aan een rustig tafeltje zo anoniem mogelijk te zijn tegenover de man die hij vertrouwt en die hem vertrouwt.

Weken later wordt hij gebeld door een hoofdofficier van justitie. De stem klinkt timide, zelfs een tikkeltje onzeker. Van den Heuvel zou durven zweren dat de magistraat zenuwachtig is, maar waarom?

'Kunnen we u zo snel mogelijk spreken?'

'Ik kom eraan.'

Beheerst door nieuwsgierigheid neemt hij plaats op de achterbank van de DKDB-wagen – de aanpassing van de agenda was gezien het reisdoel uiteraard geen enkel probleem – en meldt hij zich na een rustig ritje op de afgesproken locatie, waar twee hoge politiechefs en de hoofdofficier van Justitie op hem zitten te wachten.

'We moeten onze excuses aan u aanbieden', zegt de hoofdofficier.

'O. Waarom?'

'Omdat er dingen vreselijk mis zijn gegaan rond uw afspraak in dat hotel op de dag van de moord op de broer van Nabil B.'

Van den Heuvel probeert de film van die dag in zijn hoofd terug te draaien. Z'n beveiligers hebben hem keurig afgezet en zich vervolgens zo discreet mogelijk opgesteld. Zoals altijd. Niks mis mee.

'Wat is er dan zo vreselijk misgegaan?'

'Eén van onze mensen heeft opgevangen dat u op stel en sprong De Bunker heeft verlaten voor een afspraak en heeft daaruit de conclusie getrokken dat u ons aan belangrijke informatie over de moord zou kunnen helpen.'

'Er is mij niks gevraagd.'

'Nee, hij heeft buiten u om een afluisteroperatie opgetuigd. Onder het tafeltje waaraan u zat was een richtmicrofoon verborgen.'

Van den Heuvel laat de woorden tot zich doordringen. De woede in zijn hersenpan maakt nuchter nadenken even knap lastig.

'Wisten de mensen van de DKDB hiervan?'

'Nee, zij waren niet op de hoogte. Maar voor de operatie was wel de toestemming van de Rechter Commissaris nodig en die heeft als voorwaarde gesteld dat deze actie wordt vermeld in het dossier.'

Afgeluisterd. Verraden door een overheid die over zijn veiligheid moet waken. De informatie over zijn ontmoeting met de tipgever in een dossier waartoe ook de advocaten van de Taghi-bende toegang hebben. De veiligheid van een belangrijke informant willens en wetens in gevaar gebracht door een overijverige ambtenaar die dacht even lekker te kunnen scoren.

'Dit voelt als een mes in m'n rug', briest Van den Heuvel tegen het gezelschap. 'Mijn vertrouwen in jullie is weg, ik stap uit de beveiliging. Ik bestel nu een taxi en ga naar huis.'

Koortsachtig overleg volgt. Er is telefonisch contact met de bazen van de DKDB die de misdaadverslaggever verzekeren dat ze echt van niks wisten en net zo onaangenaam verrast zijn als hij. De vier mannen achter de tafel gaan diep door het stof en als na een reconstructie blijkt dat de informant niet hoeft te vrezen voor zijn veiligheid en de schade van de onverantwoorde actie beperkt blijkt, maakt de kwaadheid bij Van den Heuvel plaats voor koele zakelijkheid.

'Het enige dat ik wil is gewoon mijn werk kunnen doen', zegt hij tegen de hoofdofficier van justitie. 'Dat mijn tipgevers zich veilig bij mij voelen dus. En dat gaan jullie niet nog een keer verstoren met krankzinnige plannetjes, laat dat heel erg duidelijk zijn.'

Thuis achter de laptop in zijn werkkamer blijkt de schade toch iets minder beperkt dan hij hoopte. Eén van de advocaten heeft gelekt naar de NOS.

De omroep meldt: misdaadverslaggever door Justitie afgeluisterd tijdens ontmoeting met tipgever.

Da's lekker dan verzucht Van den Heuvel. Informanten die nu denken: als je met John zit te praten, kan er zomaar een microfoon onder de tafel geplakt zitten. Zal tijd en energie kosten om het vertrouwen terug te winnen.

6

DE METAFOOR RTL BOULEVARD

Geruisloos, als een kat sluipend door de nacht, glijdt de limo van de DKDB over een B-weggetje dat parallel loopt aan de A1. John van den Heuvel heeft er weer een uitzending van *RTL Boulevard* opzitten en is op weg naar huis. Hij wijst door het kogelwerende raampje naar een in het groen verscholen villa. Seksclub *Boccaccio*, badend in luxe, met een eigen driving range en zwembad. 'Hier is Martin Kok doodgeschoten', zegt hij. 'Ik was in de buurt en er dus als eerste verslaggever bij.'

Stond hij daar op 8 december 2016 op die parkeerplaats van het sekshuis voor welgestelden, gegrepen door vertwijfeling. *What the fuck is dít? Wat zijn dit voor idioten?* Liquidaties in de misdaadwereld waren al meer regel dan uitzondering, maar een 'journalist' ombrengen – ook al waren zijn publicaties op z'n weblog *Vlindercrime* extreem provocerend en had hij zelf een crimineel verleden met drugshandel, mishandeling en doodslag – 't was een bizar omslagpunt. Het Openbaar Ministerie beschuldigde vrij snel de organisatie van Ridouan Taghi van de moord, hetzelfde criminele netwerk door wier dreiging John van den Heuvel eerder op de dag weer in een gepantserde wagen naar de van de buitenwereld afgeschermde studio van *RTL Boulevard* is gereden.

Aan het eind van de middag het bekende ritueel dat voor de misdaadverslaggever even gewoon is geworden als tandenpoetsen. Thuis wachten op het belletje van de beveiligers die rond zijn huis waken. Voordeur uit, drie stappen, de auto in en weten dat die twee onvermijdelijke woorden gaan komen voordat kan worden weggereden: '*Ingeblikt. Rollen.*' Dan over bochtige weggetjes, door kruip-door-sluip-door-steegjes uitkomen bij de achterkant van de verscholen studio van *RTL Boulevard*. Tot 6 juli 2021 – de dag dat Peter R. de Vries werd neergeschoten – het symbool van in hartje Amsterdam tot het volk gebracht infotainment. Nu een verborgen bunker met een, gezien de omstandigheden, toch nog buitengewoon vrolijke uitstraling.

In de ontvangstruimte serveren vriendelijke dames *tapas* en in de studio draaien achter de ramen bewegende beelden van het Leidseplein, alsof Mokum haar adem nog altijd rechtstreeks via de tv-schermen de huiskamers in blaast. Alleen aan het houten raamwerk met gaas dat boven de entree is gespannen kun je zien dat veiligheid hier een even grote hoofdrol speelt als de presentator van dienst. En je ziet het ook een beetje aan het ontbreken van echte ramen.

'Wonderbaarlijk knap hoe dit team zich onder de druk staande heeft weten te houden', zegt John van den Heuvel als hij in een andere outfit is teruggekeerd uit de kleedkamer waar altijd een paar verse overhemden, jasjes en broeken voor hem klaar hangen.

Hij heeft wat met dit programma en dat is zwak uitgedrukt.

Onzeker en nog alles behalve tekstvast beleefde hij er zijn eerste uren in de wondere wereld van de televisie. Het was vooral een kwestie van pionieren met die al even wonderlijke combinatie van licht vermaak en zware misdaad. De twijfels over de vraag of het ooit wat kon worden… De – af en toe – knallende woordenwisselingen van Beau van Erven Dorens met Albert Verlinde en dan toch het immense succes in de vroege vooravond… De misdaadverslaggever was er bij vanaf het begin en hij wil er bij blijven, als het kan tot in de eeuwigheid-amen. Vanwege het aantrekkelijke platform, maar vooral ook omdat criminelen er alles aan hebben gedaan om te voorkomen dat hij er nog langer bij kan zijn. Voor John van den Heuvel is *RTL Boulevard* verworden tot de metafoor van journalistieke vrijheid.

'Kom je ook naar de jubileumviering?', vraagt de beeldcoördinator van dienst aan hem, doelend op het door corona en de aanslag op Peter R. de Vries lange tijd uitgestelde 20e verjaardagsfeestje van het programma.

'Uiteraard, maar dat mag niet naar buiten worden gebracht', luidt het antwoord. Hij had 'dienst' toen Willem Endstra werd vermoord, stond op het presentatieschema toen Theo van Gogh beestachtig werd afgeslacht. 'Kan geen toeval zijn', werd in de studio gekscherend gezegd. 'Als John er is, regent het liquidaties.'

Toen die studio verhuisde van Hilversum naar het Leidseplein waren de misdaadverslaggevers John van den Heuvel en Peter R. de Vries niet blij. Ze voelden zich er niet op hun gemak. Had je – om een voorbeeld te noemen – de *Hell's Angels* in de live-uitzending een veeg uit de pan gegeven, moest je over het altijd drukke Leidseplein naar de parkeergarage naast hotel Marriott.

'De gedachte dat je daar nogal eenvoudig kon worden aangevallen door boze leden van zo'n motorclub was niet aangenaam.'

Dat kon de beveiligingsdienst van de studio goed begrijpen. John en Peter kregen toestemming om met hun auto's via de Leidsedwarsstraat naar de achterkant van het Boulevard-gebouw te rijden. Daar gaven ze de contactsleutels af, waarna de wagens door beveiligers elders werden geparkeerd. Na de uitzending werden de auto's voor de deur gereden en mochten beide journalisten – met ontheffing – via de Leidsestraat het centrum uitrijden.

Totdat Peter R. de Vries schade aan zijn wagen zag en daarvan de beveiliging de schuld gaf.

'Vanaf nu parkeer ik weer gewoon zelf', dicteerde hij.

'Ik niet', zei Van den Heuvel. Hij bleef gebruik maken van de niet door luxe maar door veiligheid ingegeven *valet parking* en werd na enige tijd apart genomen door een bewaker.

'Het is me opgevallen dat iemand jouw kenteken heimelijk stond te noteren en die iemand was niet van de politie.'

Twee weken later kreeg John van den Heuvel op reportage in Peru de gedenkwaardige mededeling dat zijn naam bovenaan staat op de dodenlijst van zware criminelen, een boodschap die hem in het keurslijf perste van maximale persoonsbeveiliging. Ook vandaag weer, al valt daar in de studio van *RTL Boulevard* niets van te merken.

Hij staat aan de desk als – na een item over wat André Hazes jr. weer heeft of juist niet heeft met Monique – een filmpje wordt getoond van Nadia, de meest meelijwekkende moeder van Nederland, slachtoffer van haar ex-man die dochtertje Insya jaren geleden ontvoerde naar India. Hartverscheurende beelden van een jonge vrouw in de regen op de Dam, met in haar handen een bord waarop ze heeft geschreven dat ze haar kind terug wil. De boodschap is bedoeld voor de president van India, op staatsbezoek bij koning Willem-Alexander en Máxima.

Na de uitzending – terug in het cordon van de beveiliging – toont Van den Heuvel z'n frustraties over de ontvoeringszaak die hem vol op de kaak raakt. Hij maakt zich al jaren sterk voor Nadia, reisde met het team van zijn tv-programma *Ontvoerd* naar India. Maar in plaats van dat hij een opening vond, klapte er een deur voor z'n neus dicht. De ontvoerder van Insya deed aangifte van een poging tot terugontvoering van Insya door zijn ex en Van den Heuvel, waardoor voor beiden in India nu een arrestatiebevel klaarligt.

'Ik overweeg om toch weer te gaan. Dan pakken ze me maar op, dan maar de zaak proberen te forceren. Ja, ik weet het: geen pretje, zo'n Indiase gevangenis. Ik zeg toch ook niet dat ik ernaar uitkijk?'

Toen hij z'n verjaardag op tweede kerstdag weer eens diende te vieren op een geheime buitenlandse stek, moest hij denken aan Nadia en Insya. 'Zoveel leed, daarbij vergeleken valt wat ik meemaak in het niet. Als ik de ellende van anderen zie, denk ik: John, niet zeiken.' Wat niet wegneemt dat de aangevreten journalistieke vrijheid hem op gezette tijden somber en chagrijnig kan maken. En strijdbaar.

Hij zei resoluut 'nee' toen de driehoek burgemeester/hoofdcommissaris van politie/officier van justitie hem vroeg om weg te blijven bij *RTL Boulevard* op het Leidseplein, omdat zijn naam bovenaan staat op die dodenlijst van de zware misdaad. Boos over zoveel buigzaamheid van de overheid bood hij aan om in de stad afstand te doen van zijn beveiliging.

'Zet me maar af bij het hoofdbureau van politie in de Marnixstraat, dan rijd ik vandaar op de fiets naar de studio aan het Leidseplein', zei hij. Een duidelijk statement: nu buigen is een overwinning voor de misdaad.

Hij won de slag en zei in een interview met zijn eigen krant: 'Het hele Leidseplein werd volgebouwd met antiterreureenheden. 't Leidde tot bizarre taferelen. Ik werd met zwaailichten en gillende sirenes aangevoerd vanaf de Overtoom en de trams stonden vanaf het Koningsplein stil.' Aan de andere kant stond het zo'n beetje tot aan de Nieuwezijds Voorburgwal vast. Het ontbrak er nog maar aan dat ze hem vanuit een helikopter in de studio lieten zakken, zei hij destijds. 'Maar verder had 't veel weg van een James Bond-film.'

Drie teams van de DKDB en de DSI waren in staat van paraatheid. Hij zat in die dagen apathisch op de achterbank. Probeerde zich af te zonderen van de gekte door z'n koptelefoon op te zetten wanneer de sirenes weer eens werden aangezet als er door rood gereden moest worden, omdat stilstaan tijdens extreme persoonsbeveiliging geen optie is. En ondertussen liep Peter R. de Vries gewoon aan de achterkant de deur uit, richting z'n auto die driehonderd meter verderop stond geparkeerd.

'Peter zei tegen me: 'Ik heb geen zin om te leven zoals jij leeft'. Hij wilde zijn agenda niet delen met beveiligers, dat was zijn verhaal.'

Van den Heuvel heeft z'n lot wél in handen gelegd van de mensen die hem bewaken. Een bewuste keus, die op gezette tijden schuurt met de vrijheidsdrang die in iedere journalist huist en zeker in hem. Drie jaar geleden was zo'n moment. 'We kunnen er verder niks over zeggen, maar we rijden je niet naar de studio', kreeg de misdaadverslaggever te horen toen hij op z'n vaste stek op de achterbank van de gepantserde bolide op weg was naar de *RTL Boulevard*-studio aan het Leidseplein. Ze reden al door Amsterdam, geïrriteerd keek Van den Heuvel op zijn horloge. 'Ik kan nu onmogelijk nog gaan bellen dat ik niet kom', zei hij tegen de beveiliger op de bijrijdersstoel. 'Heb twee onderwerpen, dan zitten ze met een gat van twintig minuten in die uitzending.'

'We kunnen je toch echt niet brengen.'

'Dan stap ik nu uit en bestel ik een taxi.'

'Kan niet.'

'Dan stap ik nu uit de rijdende auto.'

De stilte die volgde was beklemmend. Ze reden tot opluchting van John van den Heuvel toch nog een stukje de goede kant op, maar in plaats van achter de studio werd gestopt bij het hoofdbureau van politie op de hoek van de Elandsgracht en de Marnixstraat, op loopafstand van het Leidseplein. Het was inmiddels al tien over zes, twintig minuten voor het begin van de uitzending.

In de stilstaande auto probeerde Van den Heuvel beetje bij beetje de reden van de ingreep te achterhalen. Hij werd er niet vrolijker van. Er bleek sprake te zijn van een misverstand tussen DKDB en de Amsterdamse politie over het tijdstip van aankomst op het Leidseplein. Te laat, volgens de Amsterdamse politie. Puur organisatorisch gedoe dus. Niet goed met elkaar afgestemd. Ambtenarij, die leidde tot een gespannen sfeer in de auto. Er gebeurde niks meer. De beveiligers zwegen, de tijd tikte door. Een beklemmende patstelling in een gepantserd voertuig.

'Nog één minuut, dan ga ik', zei Van den Heuvel. Zestig seconden later opende hij de deur, stapte uit en liep in de richting van de studio. Eén van de beveiligers kwam achter hem aan. 'Ik doe dit op persoonlijke titel, ik laat je niet alleen over straat lopen', zei de man. Even later werd er iets in zijn oortje geroepen. Geërgerd wendde hij zich tot de journalist. 'Sorry John, ik krijg instructies: als ik verder met je meega, kan het mij m'n baan kosten.'

‘Snap ik’, zei de misdaadverslaggever die als gevolg van dit staaltje onvervalste bureaucratie tot verbijstering van zijn Boulevard-collega’s moederziel alleen de studio kwam binnenwandelen. Hij zweeg. Het voelde alsof er stoom uit z’n oren kwam toen hij gehaast een pak uit zijn vaste kledingkast griste en nog snel even onder handen genomen kon worden door de visagiste van dienst. Na de uitzending stonden de beveiligers toch weer keurig op hem te wachten. ‘Zeg maar tegen jullie bazen dat ze hun probleem niet nog een keer bij dit programma moeten neerleggen’, zei Van den Heuvel. ‘Onverteerbaar dat *RTL Boulevard* het slachtoffer wordt van gedoe over regeltjes.’

Er dook nieuwe informatie op. *Hitmen* zouden van plan zijn om zo’n beetje ter hoogte van het Marriott-hotel met een raketwerper op de studio van Boulevard aan het Leidseplein te gaan vuren, als Van den Heuvel daar in een live-uitzending aan de desk stond. Zijn eerste reactie was: ‘Dan zet je maar een tank op dat plein neer, want je gaat niet een journalist z’n podium afnemen’.

Maar ook zijn vechtlust kent grenzen en die werden bereikt toen berusting een pyrrusoverwinning boekte op principes. Toen het verdedigen van journalistieke vrijheid even niet langer kon opwegen tegen de dreiging van de dood. Ze reden weer eens naar Boulevard – het alarmerende nieuws over de dreigende raketaanval trilde die dag nog na – toen in de auto een melding binnenkwam. Bij één van de verdachten was een inval gedaan en in de kelder stond inderdaad een raketwerper.

‘We willen nu precies uitzoeken hoe dit netwerk in elkaar zit, dus jij gaat vanavond niet naar Boulevard’, kreeg Van den Heuvel te horen.

Zijn reactie bleef ditmaal beperkt tot drie woordjes:

‘Dat begrijp ik.’

Regelmatig had hij gevraagd of het een tandje minder kon met de extreme bewaking, maar als er in een Amsterdamse kelder wapentuig wordt gevonden waarmee je het halve centrum kunt opblazen, wordt zo'n verzoek een tikkeltje ongepast. En toen ook burgemeester Halsema er nog nadrukkelijker op ging hameren dat hij voorlopig bij de *RTL Boulevard*-studio aan het Leidseplein moest wegblijven, wist John van den Heuvel dat hij met een *mission impossible* bezig was.

Vier jaar later op de achterbank tussen 'bunker'studio en extreem beveiligde woning, door hem wel eens *ons eigen safehouse* genoemd, zegt hij: 'Ik begreep de beslissing, maar was het er volstrekt niet mee eens. Als je zwicht, hebben de criminelen toch gewonnen.' De 'verbanning' heeft vier maanden geduurd. Te lang, naar zijn gevoel. Hij overwoog zelfs even om als demonstrant met een megafoon en een protestbord voor z'n buik op het Leidseplein te gaan staan, pal voor de studio van Boulevard. 'Schandalig', zei hij destijds, 'dat in dit land een omroep het advies krijgt om een studio te verplaatsen, omdat criminelen een medewerker hebben bedreigd. Een journalist z'n podium afnemen, ik vind het nogal wat. Er kan lacherig worden gedaan over Boulevard, maar het is wel het enige dagelijkse tv-platform waar je misdaadnieuws op kwijt kunt. Als je dan hoort 'voorlopig even niet', zonder dat er bij wordt verteld hoe lang het gaat duren… Daar word ik erg onrustig van, ja.'

Het deed hem deugd dat Peter R. de Vries in de uitzendingen keer op keer bleef zeggen wat voor schande het was voor een democratische rechtsstaat dat een journalist z'n werk niet kon doen. 'Ik blijf op deze plek roepen hoe schandalig het is dat John hier niet zit', was het repeteerriedeltje van de collega. Van den Heuvel waardeerde de actie zeer en is er achteraf ook van overtuigd dat de woorden zijn terugkeer hebben versneld, onder het mom: als je instanties niet onder druk zet, kan het allemaal eindeloos lang gaan duren.

'Iedereen werd er doodziek van, maar Peter zei 't toch maar. Ik ben 'm daar zeer erkentelijk voor.'

Johns vrouw Mariëtte zei tegen hem 'Als je wordt bedreigd, ga je toch niet met je volle verstand in zo'n studio staan', maar hij won haar begrip met de woorden: 'Als we nu zwichten, is het eind zoek.'

Na die vier maanden kreeg hij een telefoontje: je kunt weer komen. Achteraf is hij blij dat z'n beveiliging nooit is verslapt. Criminelen hebben ook voor hem staan posten rond het Leidseplein, is gebleken uit afgeluisterde gesprekken. Ging om in totaal miljoenen tapes waaruit met zoekmachines bruikbare informatie is gehaald. Het meest relevante zinnetje: *Het lukt niet, hij wordt te goed afgeschermd.*

'Zou ik daar een mindere beveiliging hebben gehad...'

De gepantserde wagen heeft het eindpunt bereikt. Als het hek voor zijn huis langzaam open schuift zegt John van den Heuvel: 'Wat in dat ene televisieprogramma aan politievoorzieningen wordt gestoken, daar kan een middelgrote stad jaloers op zijn. Treurig dat het nodig is.'

7

FIT, FITTER, FITST

Hoe blijf je fit, John?

'Je bedoelt: die gozer beweegt geen meter meer. Als-ie weggaat staat de auto pal voor de deur, als-ie naar een afspraak wordt gereden parkeren de beveiligers de bolide nagenoeg tegen de voorpui aan en als-ie wordt thuisgebracht komt de wagen bijna tot in de deuropening. Klopt. Maar ik keek naar de afgetrainde lichamen van m'n bewakers en zei tegen mezelf: het kan toch niet zo zijn dat jij daar met een uitgezakt en te dik lijf tussen gaat lopen. Mooi niet.'

Naar de sportschool met dat hele gevolg is ook zo'n gedoe.

'Precies. En daarom heb ik van een stukje huis zelf maar een soort *gym* gemaakt. Met gewichten en wat cardio-spul. Ook daar kijken beveiligers mee, maar dat is niet meteen zo'n toestand.'

Maar even het hoofd leeg rennen in het bos zit er niet in?

'Kan wel, maar dan moet ik het dagen van te voren melden bij de mensen van de DKDB en het is een beetje lastig om vandaag te beslissen dat je over een week een stukje hard gaat lopen. Komt dus zelden voor. Bovendien, die gasten zijn zo fit...dan moet ik echt aan de bak om nog een beetje bij te blijven haha.'

Nooit lekker een frisse neus halen tijdens het sporten dus.

'Die gedachte stond mij maar matig aan. Daarom heb ik m'n roeiapparaat naar de tuin gesleept. Staat nu onder een afdakje, zodat ik toch die frisse neus kan halen, zelfs als het regent. Met een beetje inventiviteit is overal een oplossing voor.'

8

DE GERAMDE VOORPUI VAN DE T.

Het is de prille ochtend van 26 juni 2018 als hij slaapdronken op weg naar de wc z'n mobiel pakt en ziet dat hij dertig oproepen heeft gemist. *What the hell.* Z'n hoofd heeft moeite met wakker worden. Gistermorgen is hij teruggekomen uit Spanje – waar Mariëtte en hij hebben gevierd dat ze 35 jaar zijn getrouwd – en meteen doorgereden naar een begrafenis. 's Avonds hadden ze nog een etentje, dus helemaal okselfris is hij niet op dit goddeloos vroege tijdstip. Wat is er aan de hand? Hij wil de eerste van vele whatsappberichten gaan lezen als de telefoon gaat. Hoofdredacteur Paul Jansen.

'John, het is hier een enorme chaos. Brand, ravage.'

'Wát?'

'Ze zijn met een auto het gebouw binnengereden en hebben die wagen vervolgens in de fik gestoken. Behoorlijk heftig allemaal.'

'Ik kom eraan.'

Nog voordat hij de douche heeft bereikt, belt Mick van Wely, ook behoorlijk ontdaan. Daarna melden zich collega's van andere kranten, radio en tv. Hij verwijst ze allemaal door naar de hoofdredactie van *De Telegraaf* en belt de DKDB of ze hem zo snel mogelijk kunnen ophalen. Als hij in de keuken nog even een broodje naar binnen werkt, ziet hij door het keukenraam achterin de tuin z'n roeiapparaat staan. Hij zal er vandaag niet op zitten. Dat ding heeft een ATV-dag, denkt hij voordat hij de laatste hap van het haastontbijt wegspoelt met koffie.

Op de achterbank van de auto begint het malen in zijn hoofd. Aanslag... Minder dan een week na de aanval met een raketwerper op het gebouw van *Panorama*. Die klap gaf al een buitengewoon *umheimisch* gevoel. Er was jaren eerder de aanslag op *Het Parool*. De daders daarvan zijn nooit gevonden, de zaak is niet opgelost. Iedere kwaaie idioot kan schade aanrichten en paniek zaaien, maar die dreun bij *Panorama* voelde anders. 'Waarom weet ik niet', zei hij tegen Van Wely. 'Ik kan het niet duiden.'

Panorama was het enige weekblad in Nederland dat nog goed geïnformeerd verhalen schreef over zware misdaad en verbanden legde tussen de verschillende bendes. Nadat het projectiel was ingeslagen belde Van den Heuvel met collega's van *Panorama*. *Hoe moeten we dit zien?* De vakbroeders wisten het ook niet. Er waren bij hen geen alarmbellen afgegaan. De link met Ridouan Taghi werd nog niet gelegd.

Toen hij voor seksclub *Boccaccio* stond waar Martin Kok even eerder was geliquideerd, dacht Van den Heuvel wel *what the fuck*, maar het beeld van Taghi als de man die ook de bovenwereld uit wil roeien als 't hem uitkomt daalde niet in. Er was nog ruimte voor een vleugje naïviteit. De raketwerper van *Panorama* deed niemand – ook hem niet – beseffen dat het de hoogste tijd werd om bij *De Telegraaf* uit voorzorg de luiken te laten zakken. 'We laten ons niet op de kast jagen', zei hij tegen Mick van Wely. Ze bleven zich concentreren op de motorbende *Caloh Wagoh Main Triad* en op de Mocro-maffia.

Maar nu, op de achterbank van de DKDB-auto, wordt hem veel duidelijk. In één week tijd aanslagen op twee media die voorop lopen met onthullende verhalen over Ridouan Taghi, dat kan geen toeval zijn. De chauffeur wil bij de verkeerslichten op de Basisweg rechtsaf slaan, naar de achterkant van het *Telegraaf*-gebouw. 'Nee', zegt de misdaadverslaggever, 'ik wil de schade aan de voorkant zien.' Ze rijden een paar meter rechtdoor, pakken het kleine weggetje over de spoorlijn en dan is er rechts de ravage. Als een kind dat onderweg naar de wintersport voor het eerst besneeuwde bergen ziet drukt hij z'n neus tegen het raam om alles zo goed mogelijk in zich op te kunnen nemen. De – vanwege een verbouwing – ontbrekende bloembakken, waardoor de daders vrije doorgang hadden naar de voorpui, de krater in het glas, de zwartgeblakerde muren, de puinhoop in de hal. Hij had zich geen vrolijk beeld voorgesteld, maar dit is toch schrikken.

De bewakers en hij stappen aan de achterkant het gebouw binnen en worden opgewacht door de hoofdredactie.

'De recherche wil Mick en jou spreken', krijgt Van den Heuvel te horen.

Door het hele gebouw zijn politiemensen bezig met technisch onderzoek. Journalisten tikken hun stukken in een sinister decor. Van den Heuvel loopt naar één van de glazen hokken op de redactievloer, waar twee rechercheurs al zitten te wachten. Ze maken een vermoeide indruk. John kent één van hen uit zijn eigen politietijd. Hij is van dezelfde lichting. Met dikke wallen onder z'n ogen zit de gewezen vakbroeder aan de vergadertafel. Iedereen probeert antwoord te vinden op vragen waarop nog geen antwoorden mogelijk zijn.

'Wat moeten we hier nou weer mee?' verzucht de ex-collega. Ze hebben slopende weken achter de rug, zegt hij. Liquidaties, zware onderzoeken.

'Krijgen we ook nog even zo'n aanslag op ons bord. De druk van bovenaf is groot, we móeten dit massaal oppakken, maar waar we de mensen vandaan dienen te halen is ons volstrekt onduidelijk.' Van den Heuvel stoot Van Wely aan en mompelt: 'Let maar op, dat wordt helemaal niks met dit onderzoek.'

'Wie denken jullie dat hier achter zit?' vraagt de politieman die het minst vermoeid oogt.

'Ridouan Taghi', zegt Van den Heuvel zonder aarzeling.

Het kwartje is gevallen, de raketaanval op het *Panorama*-gebouw zit in dezelfde lijn als de brandende auto in de voorpui van de hal beneden. Er is nog geen bewijs, maar de misdaadverslaggever kent geen twijfels meer. Hij denkt terug aan een paar dagen geleden. Mick en hij hadden een verhaal gemaakt over de Nieuwegeinse buurt waar Taghi is opgegroeid. Mick was in die wijk geweest, had in een winkel met mensen gesproken. In dat pand sloegen niet veel later de vlammen door het dak. Na onderzoek bleek: brandstichting. De link met het bezoek van Mick van Wely was door de politie al gelegd.

Als de rechercheurs zijn vertrokken, blijven de twee journalisten op de redactie hangen. Nog even een paar stukjes tikken voor de website van de krant, koffie drinken uit zo'n automaat met plastic bekertjes. Tussen twee nieuwsberichten door loopt Van den Heuvel naar beneden, naar de hal, naar de puinhoop. Hij wil weten of de beveiliger die als ooggetuige alles heeft meegemaakt er nog is. De man is net ondervraagd en maakt een ontredderde indruk.

'Gaat het?', vraagt John.

De beveiliger knikt.

'Je heb super adequaat gehandeld.'

'Dank. Het ging allemaal in een roes. Ik ben me kapot geschrokken.'

Hij zat in z'n hok toen tien meter verder die auto door de pui vloog. Van den Heuvel kan zich goed voorstellen wat de man heeft doorgemaakt. Eerst de vlammenzee, de rook. En dan de gedachte: die gasten komen zometeen binnen en schieten me een kogel door m'n hoofd. Hij heeft de dood in de ogen gekeken.

Terug op de redactie krijgt Van den Heuvel het bericht door dat de vluchtauto is gevonden op een parkeerterreintje aan de Noordkaperweg, bij een oprit naar de A10. Uitgebrand tussen hoog gras, het schuifdakje weggesmolten, de motorkap gekreukeld. Buurtbewoners hadden om vier uur 's nachts een harde knal gehoord en zagen een Audi waar de vlammen uitsloegen.

De volgende morgen pakte John van den Heuvel zijn krant van de mat en keek tevreden naar de openingskop met de bekende chocoladeletters op de voorpagina.

Wij zwijgen NOOIT

Fantastische kop, denkt hij. Je kunt 't uitleggen als een provocatie in de richting van de daders en vooral van hun opdrachtgever, als olie op het vuur, maar voor de man op wie de aanslag vooral was gericht is de woordkeuze hartverwarmend. Het voelt als een warm bad. De vraag of zijn beveiliging door deze kop nog extremer gaat worden boeit hem even niet. De krant heeft gesproken: wij buigen niet. Hij is blij met zoveel ruggengraat.

9

'NOU, DAT WERD TIJD'

Als aan de Basisweg de verkoolde resten van de brute aanslag nog moeten worden opgeruimd, hebben 's lands burgemeesters zich tweehonderd kilometer zuidelijker – in Maastricht – verzameld op het jaarlijkse congres van de Vereniging van Nederlandse Gemeenten. Presentator is Twan Huys, gast is Tommy Wieringa. Huys kondigt de schrijver aan als de nieuwe columnist van NRC, als één van de best geklede auteurs van Nederland en als de god van de Amsterdamse literatuur, want in intellectuele kringen is het gebruikelijk om je nederig op te stellen tegenover opgehemelde literaire scribenten.

'Er is vannacht een brandende auto binnengereden bij het gebouw van *De Telegraaf*', zegt Huys.

'Nou, dat werd tijd', reageert Wieringa. Om vervolgens zwelgend in zelfgenoegzaamheid een slokje te nemen uit het glas water voor hem. Gelach uit de zaal, brede grijns op het gezicht van Twan Huys.

De beelden bereiken razendsnel het internet en dus ook John van den Heuvel. Over de opmerking van Wieringa haalt hij z'n schouders op. 'Er zal wel een kritische recensie over een boek van die man in de krant hebben gestaan', denkt hij. Zelfingenomen schrijvers met lange tenen zijn niet zeldzaam. Dat er in de zaal wordt gelachen kan hij wel enigszins begrijpen. Een bulderende lach is vaak de eerste reflex na een bizarre ongepaste opmerking. Maar de pose van de presentator, die maar blijft grijnzen en als gespreksleider geen enkel tegengeluid laat horen, irriteert hem mateloos.

'Ligt het aan mij?' denkt Van den Heuvel. Hij heeft eerder een botsing gehad met Huys over het optreden – om niet te zeggen: de sterrenrol – van Willem Holleeder in het tv-programma *College Tour*, dus wellicht bekijkt hij het tafereel een tikkeltje gekleurd. Hij belt Paul Jansen.

'Heb je dat filmpje van het VNG-congres gezien?'

'Ja, schandalig.'

Hij belt rechtbankverslaggever Saskia Belleman. Ze is furieus. Hij belt Mick van Wely. Woedend. Ze overleggen met hun vieren over een tegenzet. 's Avonds zit Van den Heuvel bij *RTL Boulevard*. 'Te stuitend voor woorden', zegt hij in de uitzending over de dialoog van de tv-maker en de schrijver op het burgemeestersfeestje. 'Saskia Belleman, Mick van Wely, Paul Jansen en ik hebben besloten om niet in de nieuwe talkshow van Twan Huys te gaan zitten als we worden uitgenodigd.' Rumoer achter de schermen, want die serie praatprogramma's moet nog beginnen en wordt door dezelfde omroep gebracht als Boulevard: RTL.

'Je bent echt boos hè?', vraagt een kopstuk van de omroep later.

'Dat mag je wel zeggen.'

Er wordt een gesprek geregeld tussen Twan Huys en de drie-van-*De Telegraaf*, aangevuld met hoofdredacteur Paul Jansen. Huys biedt opzichtig zijn excuses aan.

10

BIZARRE ONTMOETING

'Met Greg Remmers.'

Van alle telefoontjes die John van den Heuvel door de jaren heen vanuit de onderwereld heeft mogen ontvangen is dit op voorhand één van de meest bizarre.

Greg Remmers, berucht crimineel, gezegend met iets dat je natuurlijke charme zou kunnen noemen. Toen de misdaadverslaggever nog bij de politie werkte, werd Remmers al vervolgd voor handel in cocaïne en sindsdien is de man niet echt veel braver geworden. *De Godfather* – zijn bijnaam – speelt een belangrijke rol binnen de motorclub *Caloh Wagoh*, de bende die direct wordt gelinkt aan de aanslagen op *Panorama* en *De Telegraaf*.

Bij *Jinek* – waar hij samen met Mick van Wely vier dagen na de terreur aan de Basisweg te gast was – moest Van den Heuvel nog enigszins met meel in de mond praten. 'We moeten voorzichtig zijn', zei hij. 'Er is nog geen wettig en overtuigend bewijs, maar onze verdenking gaat in de richting van een motorbende. Een president van die club is opgepakt als verdachte in de *Panorama*-zaak. De motorclub is ook in verband gebracht met de aanslag op een andere journalist en heeft contacten met de meest gezochte crimineel van dit moment.'

Die motorclub is *Caloh Wagoh*, de bewuste president is voorzitter van de afdeling Woerden en de meest gezochte crimineel is uiteraard Ridouan Taghi.

'Greg, vanwaar dit telefoontje?' vraagt John van den Heuvel. Remmers is er nog één van de oude stempel. Van het type: 'hij schiet je niet meteen door de knieën'. Vaak zat hij in de bak en als hij niet vastzat, zwierf hij langs de terrassen van Amsterdam. Van den Heuvel zag hem wel eens in de stad en sprak zelfs even met hem tijdens het oprichtingsfeest van die andere motorclub met een hoog crimineel gehalte: *No Surrender*. Helemaal onbekend is hij dus niet voor hem. Maar dat hij juist nu – zo pal na de aanslag op het Telegraafgebouw – contact met 'm zoekt, vindt Van den Heuvel hoogst opmerkelijk.

'Jij zegt dat onze club bij zware misdaad is betrokken, maar dat is pertinent niet waar', zegt Remmers met opvallend vriendelijke stem. 'Ik wil graag met je praten.'

'Praten kan altijd, Greg.'

'Maar dan neem ik Keylow mee.'

Keylow is Delano R, landelijk president van *Caloh Wagoh* en dus de grote baas.

'Prima', zegt Van den Heuvel en realiseert zich onmiddellijk: dat worden weer zware gesprekken vooraf met de DKDB.

De veiligheidsdienst zoekt in haar computersysteem naar de potentiële gesprekspartners van 'cliënt' Van den Heuvel en slaat acuut alarm.

Delano 'Keylow' R... Gangsterrapper, moordmakelaar... Baas van de motorbende die ook wordt gelinkt aan de aanslag op *De Telegraaf* en het dus vooral heeft voorzien op de prominente misdaadverslaggever van die krant...

'En met hém heb jij een afspraak?'

'Ik praat ook met boeven.'

Het komt toch tot een ontmoeting, in het Amsterdamse Apollo-hotel. Besloten wordt om drie DKDB-teams in en rond het gebouw aan de Apollolaan in te zetten. Van den Heuvel belt met Remmers.

'Sorry Greg, ik wil praten, maar er zit wel beveiliging om me heen, dus ga geen rare dingen doen. Neem geen wapens mee, want dan heb je meteen de poppen aan het dansen.'

'Prima, duidelijk, niks aan de hand', zegt de Godfather.

Nagenoeg het hele restaurant is gevuld met beveiligers als Van den Heuvel binnenstapt. En er is ongetwijfeld ook een observatieteam van *Caloh Wagoh* in deze ruimte. Volgens afspraak blijft iedereen buiten gehoorafstand. Geen richtmicrofoons onder de tafel ook.

Schaakspel met woorden, denkt hij. In een wonderlijke setting, met een zwijgend – om niet te zeggen: anoniem – publiek. Greg Remmers en Delano 'Keylow' R. willen weten wat hij weet. Van den Heuvel wil weten wat zij weten. Hij had zich een voorstelling proberen te maken van de persoon Keylow. De man intrigeert hem. *Wat is hij voor een figuur?* Greg Remmers kent hij al. Een slang. Eentje met charmante trekjes, maar toch: een slang. Keylow probeert overduidelijk aimabel over te komen. De misdaadverslaggever kijkt hem strak aan en denkt: meedogenloos heerschap. Die schiet je zonder met z'n ogen te knipperen overhoop.

Zoals vaker in een dergelijke gespannen setting gaat het gesprek aanvankelijk helemaal nergens over. Koetjes. Kalfjes. Ken je die? O, 't Is heftig allemaal.

'Goh', zegt Van den Heuvel, 'waarom zijn jullie eigenlijk met die motorclub begonnen?'

Er volgt het voorspelbare riedeltje. Over de nobele gedachten achter *Caloh Wagoh.* Dat het zo aangenaam is om met kerels onder elkaar lekker een stukje op de motor te rijden. Hoe leuk ze het samen hebben, als liefhebbers van gemotoriseerde tweewielers.

'Kom een keertje langs.'

'Ja, natuurlijk kom ik een keertje langs, jongens. Leuk.'

En dan worden de eerste stukken verschoven op het verbale schaakbord.

'Jij schrijft en zegt dat wij achter bepaalde misdaden zouden zitten', zegt Remmers.

'Ja, dat baseren we op gesprekken met heel veel mensen.'

Van den Heuvel legt opzichtig uit hoe het werkt in de journalistiek. Informatie inwinnen. Checken op betrouwbaarheid. Hoor en wederhoor.

'We hebben uit betrouwbare bron te horen gekregen dat jullie motorclub het klusjesbedrijf van Ridouan Taghi is geworden.'

De president en de Godfather kijken elkaar verbaasd aan. Mooi stukje theater, denkt Van den Heuvel.

'Hè? Die meneer... Zegt ons helemaal niks.'

'Ridouan Taghi.'

'We kennen die meneer niet.'

De journalist heeft moeite om niet in de lach te schieten. Telkens als hij *Ridouan Taghi* zegt, zeggen zij: *die meneer.* Prima toneelspelers, acterend op een podium van vermeende onschuld. Zo heeft hij ooit ook gezeten met Willem Holleeder, terwijl hij wist: *jij hebt bij mij laten inbreken en als het nodig was geweest zou je m'n kinderen hebben laten vermoorden.*

Een verhaal voor de krant zit er nog niet in, denkt Van den Heuvel als hij het restaurant uitloopt. Maar nuttig was het wel. Een nuttig spel.

Een paar maanden later willen Remmers en Keylow nog een keer afspreken met de misdaadverslaggever van *De Telegraaf*. Het wordt hem door de DKDB ten stelligste afgeraden. Het Eris-onderzoek naar *Caloh Wagoh* is in volle gang. Inmiddels is duidelijk geworden dat de motorclub een moordcommando van Ridouan Taghi is. En dat de criminelen die de aanslag op *De Telegraaf* hebben gepleegd lid zijn van *Caloh Wagoh*. Greg Remmers en Delano 'Keylow' R. worden opgepakt.

11

'HÉ, GREG'

Heb je die twee na jullie gesprek nog teruggezien, John?

'Ja, tijdens de rechtszaak. De officier van justitie noemde *Caloh Wagoh* een moordmachine die de handel in het doden van mensen als verdienmodel heeft. Keylow heeft levenslang gekregen. Remmers negen jaar, omdat zijn bijdrage aan meerdere moorden niet bewezen kon worden. Het hoger beroep loopt nog. Remmers kan alsnog levenslang krijgen. Tijdens de zitting keken we elkaar aan.

'Hé, John', zei Remmers.

'Hé, Greg', zei ik.'

12

DAT KLOTEGEVOEL

'Zie je die ronde balk?'

Hij wijst naar de glimmende zwarte stalen constructie, op ongeveer een meter hoogte horizontaal bevestigd over de complete breedte van de glazen voorpui. We zitten in de hal van het Telegraaf-gebouw aan de Basisweg in Amsterdam. Het is vier jaar na de aanslag. Alle sporen zijn voltooid verleden tijd. Schuin boven ons zoemt een roltrap, rechts in de hoek is een barretje met verse koffie en gevulde koeken.

Je moet Stevie Wonder zijn als je die balk niet ziet.

'Ja, maar die gasten hebben dat ding buiten dus mooi níet opgemerkt. Ze waren van plan om de Volkswagen Cupra dwars door de pui heen de hal in te rammen. De wagen is boven de motorkap door de balk tegengehouden. Eén van de daders kon toen alleen nog maar – om de schade groter te maken – de boel in brand steken.'

Hoe is het met de beveiliger afgelopen?

'Hij heeft om medisch psychische redenen zijn werk neer moeten leggen. Hij is ermee gestopt.'

Je was begaan met de mensen op de krant.

'Je moet in dit vak wel inlevingsvermogen hebben en beseffen dat er door zo'n aanslag mensen mentaal worden geraakt die niet over misdaad schrijven en hier dus helemaal niks mee te maken hebben. De aanslag was tegen ons – Mick en mij, het bedrijf – gericht. Wíj moesten bang worden. Maar er werken hier collega's die over hele andere dingen verhalen maken en hier niet om hebben gevraagd. Ik kon me goed voorstellen dat zij enige tijd met angst en beven naar de redactie zijn gereden, met in hun achterhoofd: straks gebeuren er nog heftiger dingen, zitten we hier midden in een schietpartij. Maar de krant is altijd achter ons blijven staan en wijkt niet voor terreur. Ik word met alles gesteund.'

Het lijkt wel alsof jij je bezwaard voelt.

'Natuurlijk zit je na zo'n aanslag met een mix van gevoelens en emoties. Je voelt je vooral klote door het besef dat onze misdaadverhalen aanleiding waren voor deze ellende. Hetzelfde denk ik altijd zodra ik de zwaar bewaakte studio van *RTL Boulevard* binnenstap. Als ik zie hoeveel mensen daar bezig zijn met beveiliging. Op dagen dat ik in het programma zit, zijn ze er al om drie uur 's middags. Lopen ze met honden door de studio. En dat is niet omdat Leco van Zadelhoff zijn nieuwste make-uplijn komt presenteren.'

Heb je ooit gedacht: ze gaan met mij stoppen?

'Na de aanslag op Peter R. de Vries heb ik de leiding van Boulevard serieus voorgelegd: ik zou het snappen als jullie willen kappen met misdaad. *Ik begrijp 't als jullie zeggen: hier hebben we geen trek meer in. De studio moet worden verplaatst, extra beveiliging, noem maar op. Zeg 't maar.* Ik heb er wel meteen bij gezegd dat ík graag verder wilde. Maar ik mocht en kon niet van hen verwachten dat zij ook door wilden. Níemand – niet bij *De Telegraaf*, niet bij Boulevard – heeft ooit tegen mij gezegd: we gaan serieus bekijken of het inderdaad niet beter is om te stoppen. Het zal achter de schermen ongetwijfeld ter sprake zijn gekomen, maar er is nooit druk op mij gezet om over andere dingen te gaan schrijven of praten. Dan heb je wel ballen. Vooral Boulevard had makkelijk kunnen zeggen: we zijn van oorsprong een entertainmentprogramma, schei even lekker uit met je zware misdaad.'

Het programma is van oorsprong bedoeld voor licht amusement.

'Precies. Er is – na de aanslag op Peter – één dag niet uitgezonden. RTL-ceo Georgette Schlick zei tegen me: 'Er zijn toch ook wel mensen die het heel vervelend vinden allemaal.' 'Kan ik me goed voorstellen,' heb ik geantwoord. 'Wat doe je met die geluiden?' 'Ik heb ze voor de keus gesteld', zei ze. 'Of je blijft met volle inzet doorwerken of je gaat weg. Wij gaan door met John.' Dat gesprek zal ik nooit vergeten. Het was een collectief trauma voor het programma waar zo'n zeventig mensen aan werken. Als je dan toch je poot stijf houdt… Diep respect.'

Respect was er met terugwerkende kracht ook voor het politieonderzoek naar de aanslag op De Telegraaf.

'Ja, mijn angstige vermoeden dat er niets van terecht zou komen bleek niet juist. Er is wel degelijk hartstikke goed werk afgeleverd. De landelijke eenheid had de daders van de aanslag al een tijdje in het vizier. Operatie *26 wheeling*, waarin leden van de motorbende *Caloh Wagoh* centraal stonden. De praktijken van de daders zijn tot op de seconde nauwkeurig gereconstrueerd.'

De politie zat er bovenop, maar kon de aanslag niet voorkomen.

'Afluisterapparatuur braakt uren en uren bandopnames uit. Het is onmogelijk om al die *taps* allemaal meteen af te luisteren, maar ze hebben wel alles terug kunnen horen en aan de hand daarvan een sterke zaak op kunnen bouwen tegen de daders. Ze zijn allemaal opgepakt en veroordeeld tot lange gevangenisstraffen. Justitie heeft alleen niet wettig en overtuigend de link met Taghi kunnen bewijzen. Niemand heeft uiteraard gezegd 'ik heb van meneer Taghi de opdracht gekregen om met een auto de voorpui van het Telegraaf-gebouw te rammen', maar met het onderzoek in de hand kan een blinde zien hoe de lijntjes liepen.'

Was je net zo onder de indruk van de professionaliteit van de criminelen dan van het politieonderzoek?

'Laat ik zeggen: het waren bij *Panorama* en *De Telegraaf* aanslagen met een hoog amateurgehalte. Daarom zijn de daders ook allemaal opgepakt. Het is niet verstandig om een auto met de voorkant in een pui te rammen – dan kun je klem komen te zitten tussen stoel en airbag – maar dat is hier wel gebeurd. En één van de daders stak bijna zichzelf in de fik. Ook niet echt handig.'

13

HET HOL VAN DE LEEUW

En weer komt er een telefoontje uit onverwachte hoek. Eén van de advocaten uit de groep van Ridouan Taghi belt.

'We moeten praten', zegt de man. 'Hoogste tijd om een paar zaken helder te krijgen.'

'Sta ik altijd voor open', reageert John van den Heuvel. 'Maar waar zien we elkaar? Het lijkt me niet zo'n goed plan om op een openbaar plekje te gaan zitten.' Tikkeltje cynisch voegt hij er aan toe: 'Een tafeltje in bijvoorbeeld het restaurant van hotel New York in Rotterdam heeft gezien de huidige omstandigheden niet echt mijn voorkeur.'

'Dan kom je toch naar mijn kantoor', krijgt hij als reactie. Op zo'n moment wordt het extra oppassen in het sluimergebied van de zware misdaad. Op bezoek in het kantoor van een jurist in het kamp van Ridouan Taghi, hoe hachelijk wil je het hebben?

'Dat gaat 'm niet worden', zegt Van den Heuvel.

'U bent hier volkomen veilig, ik sta er persoonlijk voor in dat u niets overkomt', antwoordt de advocaat.

Patstelling.

De journalist denkt na. Absurd om geheel uit vrije wil het domein binnen te stappen van een advocatenlegertje waarvan – in ieder geval – een deel als boodschappenjongen vanuit de gevangenis wordt aangestuurd door Ridouan Taghi. Maar aan de andere kant: het zou oliekoekdom zijn om een huurmoordenaar klaar te laten zitten, terwijl 't – dat kan toch geen verrassing zijn – om het gebouw zal wemelen van de politie.

Van den Heuvel gaat in gesprek met de mannen van de DKDB.

'Een advocaat uit de groep van Taghi heeft me uitgenodigd in zijn kantoor, hij wil praten.'

De beveiligers kijken alsof ze water zien branden.

'Hoe denk je dat we dit in vredesnaam aan moeten pakken?'

'De man zegt: géén politie in mijn kantoor.'

'En hoe heb jij daar op gereageerd?'

'Ik heb gezegd: dan kom ik niet.'

'Verstandig. Er kan dus een streep door dit bizarre plan?'

Van den Heuvel ziet opluchting in de ogen van de experts. Veiligheid garanderen wordt knap lastig als de persoon in kwestie afspraken wil maken in het hol van de leeuw.

'Misschien kunnen we tot een compromis komen, want ik ben als journalist wel nieuwsgierig naar wat de heren mij te vertellen hebben', zegt de misdaadverslaggever. Hij hoort de beveiligers zuchten.

Het compromis komt er: twee mensen van de DKDB in het advocatenkantoor, maar zo onopvallend mogelijk. Van den Heuvel arriveert in een taxibusje dat een gepantserde Mercedes blijkt te zijn. De sfeer in het kantoor is – logisch – gespannen. De aanleiding voor de wonderlijke uitnodiging vanuit het Taghi-kamp wordt snel duidelijk. John van den Heuvel en Mick van Wely hebben in *De Telegraaf* een artikel geschreven over de liefdesrelatie van een familielid van Ridouan Taghi met een Italiaans maffiakopstuk, Rafaele Imperiale.

'Eén van mijn cliënten is woedend over die publicatie', zei de advocaat eerder al telefonisch.

'Nou moet hij ophouden!', pareerde Van den Heuvel. 'Hij jaagt nota bene niet alleen op mij, maar ook op mijn kinderen. En dan mij verwijten dat ik iets schrijf over zijn familie, is hij helemaal gek geworden?'

Vandaar dus dat latere we-moeten-praten-telefoontje, resulterend in de wonderlijke ontmoeting hier in dit kantoor, waar de geest van de witte vlag wordt aangevreten door de sluimerende dreiging van escalatie. De advocaat die herhaalt dat zijn cliënt *not amused* is als er over familieleden van hem wordt geschreven. De journalist die herhaalt dat hij zich niet wenst te laten intimideren door een crimineel met bloed aan zijn handen. Mannen aan een vergadertafel. Met een kopje koffie. De schijn van Hollandse burgerlijkheid in een explosief decor van zware misdaad.

14

DE AANSLAG OP PETER R.

Het is 6 juli 2021 en Gordon geeft een afscheidsfeestje. De Mokumse minstreel heeft besloten om het polderland te verruilen voor het mondaine Dubai en dat moet groots worden gevierd met een tuinparty bij z'n villa in Blaricum. Het thema luidt *De Arabische Nacht*, Patty Brard heeft al aangekondigd dat ze gesluierd zal verschijnen en ook John van den Heuvel heeft zich in stijl uitgedost.

Als Arabier, inclusief zonnebril. Hij staat een beetje dubbel in het verkassen van Gordon naar het oliestaatje aan de Perzische Golf, heeft hij 'm ook zelf verteld. Niet zíjn lievelingsoord op aarde, Dubai. Te veel schuilparadijs voor criminelen, te veel rafelrandjes. Niet toevallig dat Ridouan Taghi hier is gearresteerd. Omringd door buikdanseressen, een ruim assortiment aan hapjes en vrienden uit de tv-wereld maakt hij zich op voor een aangename avond als zijn goede vriendin Marijke Bongaarts – namens *Fremantle* gedelegeerd producent van *RTL Boulevard* – hem behoorlijk overstuur aanschiet.

'Je moet hier onmiddellijk weg, Peter is neergeschoten.'

Het dringt in dit decor van ontspanning niet onmiddellijk tot hem door. Integendeel, hij voelt irritatie opkomen over de opmerking van de vrouw die in de tv-wereld al zo lang een steunpilaar is.

'Rot op!', zegt hij met een stem vol ongeloof. 'Neem me niet in de maling.'

Maar aan de paniek in haar ogen kan hij zien dat het menens is. Hij loopt naar de mannen van de DKDB die zoals altijd zo verdekt mogelijk staan opgesteld.

'We moeten hier weg', zegt hij tegen z'n beveiligers.

'Geef ons even een paar minuten om het schema aan te passen', krijgt hij als antwoord.

'Nee, sorry. We moeten nú weg, want als het nieuws ook hier bekend wordt, breekt de pleuris uit.'

Op de achterbank komen de eerste berichten binnen: Peter R. de Vries is even na half acht neergeschoten in de Lange Leidsedwarstraat toen hij na een uitzending van *RTL Boulevard* lopend op weg was naar zijn auto.

Ik moet daarheen, raast door 't hoofd van John van den Heuvel. *Ik móet naar de studio.* Als journalist, maar zeker ook als collega van al die programmamedewerkers die ongetwijfeld compleet ontredderd zijn.

'Waar moeten we je naartoe brengen?', vraagt de chauffeur van dienst.

'Naar het Leidseplein' zegt John en realiseert zich dan pas hoe bespottelijk hij er gezien de omstandigheden op dit moment bijzit, in die lange witte jurk, dat halve laken om z'n hoofd en die gouden ketting met een groot $-teken om z'n nek. Zo kan hij daar niet verschijnen en al helemaal niet nu de paniek zo groot is. Hij krijgt telefoontjes uit de brandhaard van vakbroeders en -zusters die hysterisch klinken. Er wordt hem verteld dat twee Boulevard-collega's achter Peter liepen en voor hun ogen zagen gebeuren hoe hij door z'n hoofd en z'n heup is geschoten.

Ze hebben m'n steun nodig, denkt Van den Heuvel, maar er is ook het besef: onmogelijk om daar nu naartoe te rijden. Hij belt Mariëtte.

'Ik kom eraan.'

Hij spreekt z'n zoons die al onderweg zijn naar het ouderlijk huis.

'Zorg dat jullie niet voor de deur worden gefotografeerd', zegt hij in een vlaag van professioneel plichtsbesef. Er staan dan al fotografen voor de deur, waarschuwt de politie.

Achter in de tuin dringt de harde realiteit pas later op de avond echt tot hem door. Het schuldgevoel, dat hij er op deze horroravond niet was voor zijn RTL-collega's. De verslagenheid en het verdriet bij iedereen. Het vreselijke besef dat het over en uit is voor Peter, als hij de confronterende beelden ziet van het bloedende slachtoffer op de plaats delict.

'Dit overleeft niemand, ook Peter niet', zegt hij tegen Mariëtte.

Totaal kapot zitten ze tussen de groene weelde achter hun huis. John heeft voor het eerst in z'n leven het gevoel dat hij – ondanks alle bomen – geen zuurstof binnenkrijgt. Alsof alle lucht uit z'n lijf wordt geperst, hapt hij naar adem. Die beelden, afschuwelijk, maar voor zijn verwerking goed dat hij ze ziet, houdt hij zichzelf voor. Al die vragen, die hoogspanning in zijn hoofd.

De dagen die volgen is er eerst de hevige behoefte om naar Boulevard te gaan en daarna een gevoel dat hij niet kent. Weerzin. Hij kan het even niet opbrengen om naar de op een geheime locatie ingerichte studio te rijden. Wordt gek gebeld door talksshows, radioprogramma's. Iedereen wil reacties. Hij heeft weinig tekst. Het is inmiddels duidelijk wie van de aanslag worden verdacht. De man met het kleine postuur in de donkergroene jas met camouflagevlekken en de zwarte pet blijkt Delano G. te zijn, z'n *partner in crime* is de Pool Kamil E. Ze zijn in een Renault Kadjar aangehouden op de A4 bij Leidschendam.

'Peter R. de Vries is voor ons allemaal een nationale held', zegt Amsterdams burgemeester Femke Halsema. Minister-president Mark Rutte noemt de aanslag schokkend en niet te bevatten, Justitieminister Ferd Grapperhaus spreekt van een zwarte dag. 'De vrijheid van de journalistiek is hevig aangetast', voegt hij eraan toe. Van den Heuvel leest het in een roes.

Wekenlang laat hij *RTL Boulevard* aan zich voorbij gaan. Mariëtte en hij besluiten om weg te gaan uit Nederland. John overlegt met de bazen van de DKDB. Uiteraard moet de locatie geheim blijven en betrekkelijk makkelijk te beveiligen. Hij weet de geschikte plek ergens in Europa, ze zijn er eerder geweest. In de *middle of nowhere*, ideaal voor iemand die niet gevonden wenst te worden en geestelijk tot rust wil komen. De agenda's zijn op elkaar afgestemd, er is groen licht van de beveiligingsdienst. Op maandag heeft John nog een lang gesprek gevoerd om de laatste details door te nemen. Op woensdagavond – als de koffers al in de gang staan voor het vertrek de volgende ochtend – wordt hij gebeld door een medewerker van de DKDB. Zijn boodschap is onthutsend:

'John, wij gaan niet mee en geven jou het dringende advies om zelf ook thuis te blijven, want er is nieuwe informatie binnengekomen.'

De misdaadverslaggever voelt argwaan en boosheid opkomen.

'Wat voor informatie?' vraagt hij zo beheerst mogelijk.

'Dat kunnen we nu niet zeggen.'

De woorden zijn niet bepaald zalvend voor zijn humeur.

'Jij gaat mij dus vertellen – nu we op het punt staan om te vertrekken en twee dagen nadat we alles volledig hebben doorgesproken – dat jullie afhaken?'

'Ja, want we hebben vanuit de hoogste kringen opdracht gekregen om niet mee te gaan en jou met klem te verzoeken om af te zien van je vakantie.'

Van den Heuvels woede heeft inmiddels het kookpunt bereikt.

'Dan heb ik nieuws voor je: we blijven niet thuis. Of je vertelt me precies wat er aan de hand is of we trekken ons eigen plan.'

De uitleg blijft achterwege, dus maakt hij een eind aan het gesprek. Bij Mariëtte – zo mogelijk nog bozer dan hij – vindt hij begrip. 'Op de plek waar we heengaan voel ik me veilig', zegt ze. 'Dan gaan ze maar niet mee.'

John denkt koortsachtig na. Hoe onredelijk en onverteerbaar hij de plotselinge koerswijziging van de DKDB-top ook vindt, je ondoordacht in een eigenzinnig vakantie-avontuur storten is in zijn situatie onverantwoord en vragen om moeilijkheden. Hij herinnert zich twee buitengewoon sympathieke mannen die hem een tijdlang hebben bewaakt en inmiddels bij de Dienst Koninklijke en Diplomatieke Beveiliging zijn vertrokken. Bij het afscheid zeiden ze: 'Als we iets voor je kunnen doen, moet je ons bellen'. John zoekt contact met hoofdredacteur Paul Jansen van zijn werkgever *De Telegraaf* en overlegt. Als Jansen akkoord is, belt de misdaadverslaggever z'n oude 'beschermengelen'.

'We komen eraan, maak je geen zorgen', zeggen zij.

De volgende ochtend ontvouwt zich ergens op de grens van het Koninkrijk der Nederlanden een bizar schouwspel. Beveiligers van de DKDB ontfermen zich tot de rand van het vaderland over de nummer één op de dodenlijst van de zware misdaad en keren dan om. 'Krankzinnige situatie', mompelt John tegen Mariëtte. Inmiddels is hem al iets meer duidelijk geworden over de reden van de koerswijziging: er moest informatie worden onderzocht dat de bedreiging zich niet meer alleen op Van den Heuvel richtte, maar ook op de beveiligers van de DKDB. 'Ja hallo, dreiging is áltijd ook gericht tegen beveiligers', zegt hij tegen z'n vrouw.

In zijn boosheid besluit hij een rondje te gaan appen met *hotshots* als Ferd Grapperhaus en Gerrit van der Burg, voorzitter van het College van Procureurs Generaal. Even een paar ambtelijke bommetjes laten ontploffen. 'Ik vraag niks aan jullie', meldt hij in berichtjes aan beide heren. 'Maar ik wil wel dat jullie het weten.' Paul Jansen is ook woest. Hij stuurt mails naar Grapperhaus en de hoofdofficier van justitie: 'Dit is als de generaal die zijn troepen terugtrekt zodra er stront aan de knikker is. Jullie zijn er voor persoonsbeveiliging en nu moet er een persoon worden beveiligd en geven jullie niet thuis omdat beveiligers worden bedreigd. Wat ís dit?'

Voor Van den Heuvel is het op de snelweg richting tijdelijk onderkomen onmogelijk om iets van rust toe te laten in zijn geïrriteerde brein. Het voelt alsof Mariëtte en hij in een slechte film terecht zijn gekomen en de surrealistische treurnis wordt nog groter als onderweg het bericht binnenkomt waarvan hij wist dat 't zou komen, maar dat hem desondanks hard raakt:

Peter R. de Vries is aan zijn verwondingen overleden.

In het dorpje waar ze overnachten zoeken Mariëtte en hij een kerkje op, steken er kaarsjes aan en bidden voor Peter en zijn nabestaanden.

De volgende ochtend begint lelijk vloekend met de hoopgevende wijsheid: nieuwe dag, nieuwe kansen. De malaise rochelt zogezegd nog even voort. In de auto krijgt John van den Heuvel namens de bazen van de DKDB de volgende mededeling: *Hou er rekening mee dat je het land wordt uitgezet zodra je bij jullie safehouse bent aangekomen. Wij moeten de autoriteiten daar op de hoogte brengen van jullie komst en het kan zijn dat zij zeggen: het risico is ons te groot, we zetten het echtpaar Van den Heuvel de grens over.*

Wat nu?

Terug naar huis gaan zien beiden niet als optie, maar wat dan? John belt met z'n trouwe regelneef Rik, die als altijd praktisch denkt. 'Ik ga naar huizen kijken in buurlanden. Dan gaan jullie – als de nood aan de man komt – daar naartoe.'

Maar 'nood' en 'man' blijven gescheiden. John belt zelf met een tussenpersoon tussen de justitiële apparaten van beide landen. De persoon is bereidwillig, evenals de commandant van de plaatselijke politie in de regio. Hun boodschap klinkt als muziek: 'We zorgen ervoor dat jullie hier veilig zijn.'

Na vijf dagen verschijnt alsnog een team van de DKDB. Hebben de verbale bommetjes toch hun werk gedaan? Van den Heuvel heeft telefonisch contact met Khalid Kasem – oud-kantoorgenoot en vriend van Peter R – en besluit niet naar de uitvaart te gaan. De relatie tussen de twee bekendste misdaadverslaggevers van Nederland was de laatste maanden ronduit slecht.

15

MAFKETELS AAN DE DEUR

Een paar dagen na de aanslag op Peter R. de Vries wordt er om drie uur 's nachts aangebeld bij de poort van huize Van den Heuvel. John drukt met een duffe kop op de knop van de intercom.

'Ja, wat is er?'

'Je loopt gevaar', krijst een hysterische stem door de luidspreker. 'Jij wordt ook vermoord. Ik heb informatie...'

'Jongen, loop lekker door.'

Slaapdronken draait hij in z'n hoofd de beelden terug van een andere mafkees, die laatst voor de poort stond te tieren en te schelden. John was aan het sporten in de tuin toen Mariëtte hem riep. 'Er staat er nu eentje buiten tekeer te gaan met een paarse sjaal om zijn hoofd.' Samen keken ze met stijgende verbazing naar het schermpje van de buitencamera.

Weer zo'n gek, denkt John van den Heuvel nu als hij de slaapkamer in loopt. Maar dan is er de schrik. Het scherm boven z'n bed toont beelden van de man, op zijn erf, pal voor de deur. Z'n eerste gedachte is: straks gooit die mafketel een handgranaat. De tweede: volgens protocol zo snel mogelijk op de alarmknop drukken. Onmiddellijk krijgt hij de politie aan de lijn, die al bijna ter plaatse is omdat ze op camera's zagen wat er gebeurde.

'Er staat één of andere dwaas voor m'n deur.'

'We zijn er bijna.'

Van alle kanten scheuren politiewagens de straat in. Agenten met getrokken pistolen rekenen de man in. Het blijkt een GGZ-patiënt te zijn, in een soort van psychose. Hoe is hij in vredesnaam zo ver gekomen, vraagt Van den Heuvel zich af. Hij kan maar één reden bedenken: met zijn slaperige kop moet hij op de knop hebben gedrukt waarmee je de poort opent. Gelukkig zijn er geen ongelukken gebeurd, denkt hij voordat hij in bed stapt. Hij had het zichzelf nooit vergeven.

16

DE HOEKSTEEN VAN DE BUIGZAAMHEID

Soms is het toetsenbord van z'n computer de vijand van een journalist als John van den Heuvel. Wanneer hij woorden moet tikken die hij liever weg had gelaten. Zoals nu, in de – op dit moment even – beklemmende eenzaamheid van zijn werkkamer. De woorden gaan deze keer niet over criminelen en hun steeds hartelozer wordende dadendrang. Ze gaan ook niet over hemzelf, maar over de belangrijkste persoon in zijn leven die hij zoveel mogelijk – soms vergeefs – de gevolgen van zijn misdaadverslaggeving wil besparen: Mariëtte. Zijn vrouw die óók heeft moeten onderduiken, óók de dreiging voelde, maar daarover nooit één wanklank heeft laten horen. Net als hij halsstarrig weigerend om het aardse bestaan te laten vergallen door misdadigers die schermen met geweld.

Niet altijd even makkelijk en juist daarom was hij zo blij dat ze haar eigen leven had, haar werk, haar baan als kleuterjuf, lichtjaren verwijderd van liquidaties en moordende drugsbendes. Was toen ze elkaar negenendertig jaar geleden leerden kennen al haar droom: werken met kinderen. Het is in de vele jaren die volgden nooit een nachtmerrie geworden. Het klikte altijd tussen de kinderen en hun juf. Zelden liet ze verstek gaan door griep of een verkoudheid, het belang van de kinderen uit 'haar' klas stond altijd voorop. En dat had nog jarenlang zo kunnen blijven als haar werkgever niet in een paniekkramp was geschoten.

Peter R. de Vries is vermoord, de overheid besluit – logisch – beveiligingsmaatregelen aan te scherpen voor tientallen rechters, advocaten, officieren van justitie, politiemensen, bestuurders en journalisten, plus hun gezinnen. Het gaat in veruit de meeste gevallen om beperkte voorzorgsmaatregelen, ook in het geval van Mariëtte. Het leidt in geen enkel geval tot onoverkomelijke problemen, maar uitgerekend Mariëtte wordt door het bestuur en de directie van *De Hoeksteen* onmiddellijk naar huis gestuurd.

Er zit nog altijd machteloze woede in zijn hoofd als John van den Heuvel een aanhef tikt boven een brief vol vertwijfeling. Mariëtte klaagt ook nu niet, maar hij ziet het verdriet in haar ogen en merkt hoe het aan haar vreet. Het noodgedwongen afscheid doet haar pijn en hem dus ook. Hij voelt boosheid en teleurstelling. Over een school met normen en waarden hoog in het vaandel, die de rug niet recht houdt, maar kiest voor de gemakkelijke weg. Een werkgever die een probleem omzeilt door simpelweg een leerkracht te ontslaan. Hij schrijft:

> *Wat mij erg dwarszit is dat vanaf dag één dat dit speelde op geen enkele manier constructief en praktisch is meegedacht over het invullen van deze noodzakelijk geachte voorzorgsmaatregelen. Er werd vooral in problemen gedacht en niet in oplossingen. Bemiddelingspogingen van de burgemeester, politie en openbaar ministerie strandden door een weinig coöperatieve houding van bestuur en directie.*

Hij denkt aan de mensen die net als hij dagelijks beveiligd moeten worden en aan hun gezinnen. Hun werkgevers gaan tot het uiterste om geen knieval te hoeven maken, om een zo normaal mogelijke werksituatie te scheppen. Mariëtte zit al maanden thuis in de wetenschap dat ze haar baan kwijtraakt.

In mijn optiek hoort een maatschappij weerstand te bieden op het moment dat 'hoekstenen' als veiligheid, maatschappelijke integriteit en het bestrijden van ondermijnende criminaliteit in het geding zijn. De overheid begrijpt dat en investeert dus in de veiligheid van mensen die onze rechtsstaat overeind houden. Ik geloof best dat directie en schoolbestuur van een onderwijsinstelling – die nota bene De Hoeksteen héét – ook voor die waarden staan, maar dan wel vanuit de gedachte 'not in my backyard'.

Hij leest de woorden die hij heeft getikt. En nog eens. Zonder ook maar een moment de illusie te koesteren dat de tekst de onrechtvaardigheid zal wegnemen. Maar hij vindt dat hij ze moet schrijven. Als statement. Hij tikt verder. De toon verandert. In de geest van Mariëtte wil hij ook uit deze treurnis het positieve halen.

Als jullie in deze brief tussen de regels door enige teleurstelling menen te lezen, dan is dat ten dele juist. Ik heb van nabij gezien hoe het aan Mariëtte vrat dat ze vanwege een verplichte geheimhouding haar collega's niet mocht informeren over wat er werkelijk speelde. Maar bovenal ben ik ongelooflijk trots op haar dat zij in deze tijden van enorme druk wel kaarsrecht overeind blijft en zich nu gaat richten op nieuwe uitdagingen. Ze vertrekt met opgeheven hoofd na een prachtige loopbaan, waarin haar liefde voor kinderen altijd centraal heeft gestaan. Gelukkig waren er de afgelopen moeilijke maanden collega's die Mariëtte een hart onder de riem staken en haar ook nu met lieve berichtjes steunen. Dat sterkt haar en mij. Ook namens Mariëtte wil ik daarvoor mijn grote dank en waardering uitspreken.

Met vriendelijke groet,
John van den Heuvel

Hij laat de woorden lezen aan Mariëtte, van haar hoeven ze niet te worden verstuurd. Toch besluit hij zijn hartenkreet te mailen. Er komt geen enkele reactie van de schoolleiding.

'Ik heb me al die jaren beziggehouden met kinderen die aan het begin van hun leven stonden', zegt Mariëtte als ze op een avond samen met een wijntje in de kamer zitten. 'Misschien moet ik het nu helemaal aan de andere kant zoeken. Misschien moet ik mensen aan het eind van hun leven gaan helpen. Ik overweeg om te gaan werken in een hospice.'

'Werken in een hospice... Je hebt daarvoor hier thuis al mooi een tijdje kunnen oefenen', zegt haar man.

Ze schieten in de lach. Ook zwarte humor kan leuk zijn.

17

DE PIJN VAN GEEN AFSCHEID

De stilte in de woonkamer is verademend. Zelfs de smartphone van de misdaadverslaggever – doorgaans frequent trillend om aandacht – zwijgt. Het is zomaar een vrijdagmorgen in het vroege voorjaar, tweehonderdvijfennegentig dagen na de dood van Peter R. de Vries. De verdekt opgestelde televisie toont een zwart beeld. John van den Heuvel wijst ernaar.

'Ik heb nog niets gezien over de aanslag op Peter. Niet de documentaire, niet de reconstructies. Kan het niet opbrengen. Het is nog te veel een open wond.'

Laatst zei hij tegen Mariëtte: ik weet niet wat ik erger had gevonden... Dat dit met Peter was gebeurd als we nog goed met elkaar waren omgegaan of – zoals nu – ruzie hadden. 'Ik denk dat ik 't makkelijker had kunnen verwerken als we op goede voet hadden gestaan en ik gewoon afscheid van hem had kunnen nemen.'

Hij lijkt even te schrikken van zijn eigen woorden. Als hij ergens een hekel aan heeft dan is het wel aan mensen die uit narcisme het leed van anderen naar zich toe willen trekken. *How can I make this about me?* Hij verfoeit dat soort egotripperij.

'Wat ik voel valt in het niet bij het verdriet van de familie en de vrienden, maar het zit me verschrikkelijk dwars dat ik geen afscheid heb kunnen nemen. Ik begreep dat zijn naasten er moeite mee hadden gehad als ik naar de begrafenis was gekomen en dat respecteer ik. Uiteraard. M'n drie zoons hebben bloemen gelegd op de plek van de aanslag, in de Lange Leidsedwarsstraat. De oudste kwam hem vaak tegen bij Endemol. Ik heb het hoofdstuk Peter de Vries niet goed afgesloten en dat doet pijn. Die hele maand juli was kloten. Ook al voor de moord. Door die ruzie.'

Een week voor de aanslag waren de twee misdaadexperts samen in de studio van *RTL Boulevard*, een unicum. John moest voor de reclameboodschappen een item doen, Peter erna. Ze beperkten het contact tot het uitwisselen van boze blikken. 'We keken elkaar alleen maar vuil aan. Een beveiliger van de DKDB zei later: 'Dat was niet echt gezellig tussen jullie'. En ik zei: *klopt, ik ben zó klaar met die man.*' Extra wrang was dat hij die avond – nota bene in het bijzijn van de mensen van de DKDB – is gewaarschuwd door de vaste beveiliger van Boulevard. De man was een dag eerder gebeld door personeel van de parkeergarage. Peter was gevolgd door een figuur die later de Pool van de aanslag bleek te zijn. 'Zal ik met je meelopen?' vroeg de Boulevard-bewaker en Peter zei: 'Nee, dan valt 't nog meer op.' De beveiliger schoot ook z'n collega's van de DKDB aan en die zeiden: 'Wij zijn hier voor John, niet voor Peter. Je moet het melden bij jullie contactpersoon hier in de buurt.' Een week later ging het vreselijk mis.

Van den Heuvel heeft wakker gelegen van die ene vraag: waarom heeft Peter zich niet laten beveiligen? Wat is er in vredesnaam in zijn hoofd omgegaan dat hij de risico's zo bagatelliseerde? Ja, ook John kende de gevleugelde woorden van zijn collega. *Liever rechtop sterven dan geknield leven.* 'Maar ik vind niet dat ik geknield leef. Ik laat me beveiligen omdat ik niet levensmoe ben, verantwoording voel voor m'n gezin en m'n werk wil blijven doen. En dat geldt voor iedereen die wordt beveiligd. Je kunt toch niet zeggen dat Geert Wilders en de president van Amerika geknield door het leven gaan? Óf Peter heeft het gevaar onderschat óf hij berustte erin. Die vraag blijft door m'n hoofd spoken.'

'Als je niet beveiligd wilt worden, ben je niet te beveiligen, zo simpel is het. Daarom vond ik de kritiek na de moord richting DKDB behoorlijk schofferend. Je bent zelf verantwoordelijk voor je eigen veiligheid en als je die niet serieus neemt, hoe kun je dan van de overheid verwachten dat zij dat wel doet? De omgekeerde wereld. Een beetje beveiligd worden werkt niet. Achteraf werd geroepen: er had een agent achter hem moeten lopen. Die was net zo goed overhoop geschoten. De staat wilde in actie komen, de te beveiligen persoon niet. Wat moet je dan doen? Ik heb wel eens gezegd: *pffff, ik ben die beveiliging spuugzat, ik kap ermee.* Mariëtte reageerde volkomen terecht: als je dat doet, ben je verschrikkelijk onverantwoord bezig. Mijn omgeving heeft mij altijd mentaal gesteund. Peter weigerde de extreme beveiliging en heeft daar de hoogste prijs voor betaald.'

Diepe zucht uit het lange slanke lijf. 'Ik ben ervan overtuigd dat als de mensen die verantwoordelijk zijn voor mijn beveiliging andere keuzes zouden hebben gemaakt, ik hier niet meer had gezeten. Dat is de keiharde waarheid. Je was rond de studio op het Leidseplein een *sitting duck*, dat wist ik, dat wist Peter. En dan doodgeschoten worden door zo'n lulletje rozenwater. Zo treurig om dat mannetje in de rechtszaal te zien zitten. Zo'n scharminkel, zo'n ielig nietszeggend ventje. En z'n advocaten die schaamteloos meegingen in de aantoonbare leugens van de verdachten. Wanstaltige vertoning.'

Hij pakt z'n mobieltje – nog altijd onwerkelijk in de slaapstand – en scrolt door het mailverkeer met De Vries, op zoek naar het eerste berichtje met boze woorden, de bron van de bonje. Januari 2020, een vrolijke boodschap van John: *Gefeliciteerd dat je opa wordt*. Later nog een kattebelletje van Peter: *Fijn dat ze Taghi hebben opgepakt*. En dan in het voorjaar de escalatie, ironisch genoeg door de bende die hun allebei naar het leven stond en die hun eigenlijk dus juist dichter bij elkaar had moeten brengen: de Mocro-maffia.

Van den Heuvel en zijn collega Mick van Wely zaten goed in de materie, hadden contact met de familie van kroongetuige Nabil B, die in de ogen van de Telegraaf-journalisten groot onrecht was aangedaan met de liquidatie van Nabils broer Reduan. 'Die man niet beveiligen is een totaal verkeerde inschatting van Justitie', oordeelden de misdaadverslaggevers. De familie B. moest onderduiken in een safehouse, Justitie wist geen raad met de situatie, het was een chaos. En een schoolvoorbeeld van onderschatting.

'Er werd hooguit een steen door de ruiten verwacht, terwijl Taghi al had geroepen tegen zijn maatjes: *die hele kankerfamilie gaat slapen.*' Van den Heuvel werd benaderd door twee zussen van Reduan en Nabil, maakte met hen een uitgebreid interview voor *De Telegraaf* en voelde mee met de familie, minus – uiteraard – crimineel Nabil, de bron van alle ellende. John voerde gesprekken met minister Grapperhaus, adviseerde mensen van Justitie *ga niet over ieder bonnetje steggelen, maar probeer om het leed van die familie niet nog verder te verergeren.*

En toen ging het fout tussen de twee misdaadverslaggevers die elkaar al 31 jaar kenden. De aanleiding: Peter R. de Vries wierp zich op als woordvoerder van Nabil B. Het voelde voor John van den Heuvel als een klap in zijn gezicht.

'Ik vond het bespottelijk. Geen enkele crimineel – of hij nu kroongetuige is of niet – verdient een woordvoerder als Peter R. de Vries. Maar Peter was min of meer gevleid door het verzoek. Ik heb tegen hem gezegd *dit is heel iets anders dan woordvoerder zijn van de ouders van Nicky Verstappen. Zij zijn slachtoffers, Nabil B. is dader, een zware crimineel die alleen tegen Ridouan Taghi wil getuigen omdat hij op diens dodenlijst terecht is gekomen.* Peter vond dat onzin, zei dat hij prima met twee petten op kon zitten en dat het publiek 't wel begreep. Ik ging me steeds meer ergeren. Vond dat Peter als een olifant door de porseleinkast denderde. Hij maakte ruzie met het OM, met kranten, met de politie, met iedereen.'

John sprak hem aan. Zei: 'Deze misdadiger is uit puur opportunisme gaan samenwerken met Justitie.'

Nu, in de door rust beheerste woonkamer: 'Als Nabil B. niet was bedreigd door Ridouan Taghi vanwege de vergismoord op Hakim Changachi was hij gewoon doorgegaan met zijn criminele werk. Daar ben ik van overtuigd. Hij wist dat hij door Taghi vermoord zou worden, heeft zich met knikkende knieën en de staart tussen de benen laten oppakken door de politie. Hij is geen spijtoptant, heeft geen last van z'n geweten. Heeft alles en iedereen in de ellende gestort.'

Ze spraken twee uur in het kantoor van De Vries. Peter vroeg om een weerwoord, maar John zag aan zijn ogen dat hij de beslissing al had genomen. Het zat hem ook dwars dat Nabil B. en Peter R. de Vries advocaat Oscar Hammerstein aan de kant hadden geschoven. In de maanden daarvoor had hij een paar keer contact gehad met de raadsman die toen nog optrad als anoniem advocaat voor de kroongetuige. Dat anonieme verdween toen Nabil B. in de rechtszaal in een moment van onachtzaamheid zijn naam noemde. Van den Heuvel zag hoe ver Hammerstein ging om de kroongetuige bij te staan.

De advocaat was eerder geïnterviewd door Marie-Thérèse Roosendaal van *De Telegraaf.* Zij vroeg – nadat Nabil B's raadsman Derk Wiersum was vermoord – 'Zou jij de kroongetuige in het Marengo-proces willen bijstaan?' en Hammerstein antwoordde: 'Ja, dat zou ik wel willen doen in het belang van de rechtszaak.' Nabil B. las het verhaal en nam contact op met Hammerstein. Dat kwam Van den Heuvel ter ore en hij belde de advocaat. 'Kom maar langs', kreeg hij als antwoord, *maar noem alsjeblieft mijn naam niet.*

'Hij heeft me uitgelegd wat er allemaal bij kwam kijken. Gedoe met de overheid over zijn beveiliging. Er moesten kogelvrije ruiten in zijn kantoor, over de kleinste details moest hij brieven sturen en zware discussies aangaan. Ik zag van dichtbij wat er allemaal over hem heen kwam om de kroongetuige bij te kunnen staan. Er waren zelfs kantoorgenoten opgestapt, een secretaresse wilde niet meer voor hem werken. Was eindelijk alles geregeld en dan krijgt Nabil B. de kolder in de kop en zet hij Hammerstein als oud vuil aan de kant, omdat hij met De Vries in zee wil. Peter kon het bloed van de advocaat wel drinken, want die had een keer gezegd: 'Als Peter R. de Vries in beeld komt, schakelt automatisch mijn tv op een andere zender'. Die twee kemphanen tegenover elkaar… Ik dacht: dat hele proces gaat op deze manier naar de Filistijnen.'

Hij stuurde pissige mails naar beide mannen: *Ga de boel niet lopen frustreren.*

'Ik bleef een rot gevoel houden, nog meer toen Hammerstein was afgedankt. De zaak was volgens mij gebaat bij een onafhankelijke mediator die voor het OM en de familie van de kroongetuige acceptabel was. Rust in de tent, maar Peter ging procederen en eiste dat hij bij Nabil B. op bezoek kon. En toen was er ook nog die in mijn ogen bespottelijke persconferentie. Ik had de indruk dat niemand begreep wat Peter aan het doen was. Daar heb ik 's avonds in Boulevard een paar kritische opmerkingen over gemaakt. Tot grote woede van Peter en toen ik zelf ook in de fout ging, was het helemaal hommeles. Ik maakte in een Telegraaf-video een opmerking waar Peter terecht erg boos over was en die ons verder uit elkaar dreef.'

Schuin achter hem kijkt een Maria-beeld van steen devoot voor zich uit. In de tuin fladdert een merel uit een boom. Van den Heuvel zoekt naar de juiste woorden, z'n ogen verraden iets van machteloosheid. Hij heeft geprobeerd om het uit te praten. Drie keer. Berichtjes gestuurd: *zullen we een hapje gaan eten en eruit proberen te komen?* Vergeefs. In de ogen van Peter R. de Vries was hij te ver gegaan.

'En ik bén tegen hem tekeer gegaan. Vooral uit frustratie. We hadden een gezamenlijk doel en dan ga je elkaar figuurlijk gezien naar het leven staan. Advocaat Onno de Jong heeft nog geprobeerd te bemiddelen. Leidde ook tot niks. En nu is het te laat. Nu valt er niks meer uit te praten.'

Hij zag hem éénendertig jaar geleden voor het eerst toen hij net een paar weken bij *De Telegraaf* werkte, waar De Vries een jaar eerder was vertrokken. Collega Theo Kuijpers kende Peter goed, had met hem samengewerkt op de redactie aan de Basisweg. De Vries was als adviseur begonnen bij het tv-programma *Crime Time*, met Jaap Jongbloed als presentator in een studio met publiek. Kuipers en Van den Heuvel werden uitgenodigd om een uitzending bij te wonen, dus daar zaten ze. Als klapvee. Na afloop maakte John achter de Hilversumse coulissen kennis met Peter, het begin van een doorgaans goede maar altijd zakelijke relatie, af en toe hinderlijk onderbroken door een knallende ruzie.

'Hij heeft mij in die beginjaren een keer voor *Panorama* geïnterviewd over mijn periode als undercoveragent, onderdeel van een grote reportage. Vond ik zeer eervol. De grote Peter R. de Vries die een verhaal maakte over mij, beginnend verslaggevertje.'

Hij staat op om koffie te zetten. 'De eerste botsing ging over dat vernielde Auschwitz-monument', meldt hij vanuit de keuken. 'Ja, dat glazen kunstwerk van Jan Wolkers. Werd kapot geslagen en in de media breed uitgemeten als Jodenhaat en antisemitisme.' Terug in de kamer: 'Peter kwam met de primeur: de dader was een medewerker van het bedrijf dat de glasplaten had geleverd en bij het construeren daarvan een fout had gemaakt. Theo en ik schreven in ons verhaal over die zaak hoe Peter in contact was gekomen met zijn tipgever en daar werd hij vreselijk boos over. Hij diende een klacht in bij de Raad van de Journalistiek, maar dat orgaan werd door *De Telegraaf* niet erkend, dus Theo Kuijpers en ik mochten ons niet verweren. Nare periode. Bleef nog een tijdje dooretteren. De schoonvader van Peter deed de administratie van Theo en stopte daar subiet mee.'

De ruzie werd bijgelegd en sindsdien ging het collegiaal contact steeds verder. Van elkaar informeren tot tips delen, op basis van wederzijds respect. Peter ontdekte dat Frans Meijer – één van de Heineken-ontvoerders – zich schuilhield in Paraguay en dat deelde hij met John, maar zijn naam mocht van de hoofdredactie niet worden genoemd in *De Telegraaf*, omdat hij minder goed was weggegaan bij de krant.

'Vond ik nogal flauw. Hoewel onze karakters extreem verschilden klikte het weer tussen ons en dat veranderde niet toen Peter er in zijn kritiek op mijn eerste tv-programma met gestrekt been inging. Er wás ook veel op aan te merken; ik kon zijn kritiek wel hebben.'

Dat programma *Bureau Misdaad* – voor Van den Heuvel een sprong in het diepe – zag onder absurdistische omstandigheden het levenslicht.

'We wilden de eerste aflevering volledig wijten aan Evert Hingst, een louche advocaat die vol in de polderpenose zat. Ik had hem eindelijk zover dat hij twee dagen voor de uitzending – op een dinsdag – een interview zou geven. Op maandagavond kreeg ik rond half acht een belletje: *Evert Hingst is voor zijn huis doodgeschoten.* Dan zit je als debuterend programmamaker toch met een lelijk probleem. We zijn naar de plaats delict in de Amsterdamse Gerrit van der Veenstraat gereden. Kwam nog groot in het NOS Journaal: *advocaat dag voor tv-optreden geliquideerd, wat is het verband?* John Mieremet was drie jaar eerder voor de deur van diezelfde Hingst onder vuur genomen door een huurmoordenaar – heeft hij me later tijdens een interview de littekens van laten zien – dus ik belde hem in Thailand, waar hij genoot van het goede leven. Werd een gedenkwaardig gesprek.

'Hingst is doodgeschoten.'

'Prima. Mooi. Geweldig dat ze hem te pakken hebben. Waar hij neerviel – tussen de vuilniszakken – hoort hij thuis. Die Hingst heb ik in ieder geval overleefd. Ik zit lekker met m'n voeten in het zwembad. Ze zoeken het in Nederland maar uit.'

'Nou, fijne dag verder.'

Voordat ik belde zei Mariëtte: 'Waarom neem je 't voor de zekerheid niet op? Je weet nooit waar het goed voor kan zijn.' Ik neem zelden gesprekken op maar met zo'n dictafoon aan m'n telefoon ging Mieremet vol op het orgel. Minder dan acht uur later belde een freelance fotograaf.

'Heb je het gehoord, Mieremet is doodgeschoten.'

'Neem je moeder in de maling. Dat kán helemaal niet. Hij zit in Thailand en ik heb hem een paar uur geleden nog gesproken.'

'Dan moeten dat zo'n beetje z'n laatste woorden op deze aardbol zijn geweest.'

Ik bellen met Barry, de zoon van John Mieremet, in Neerpelt. Z'n stem was schor van emotie. *Ze hebben hem toch te pakken gekregen.* Dat was de tweede dode en de eerste uitzending moest nog beginnen, dankzij Mariëtte wel met dat geluidsfragment van Mieremet. Dezelfde week werden Cees Houtman en George van Kleef geliquideerd. Vier lijken rond de eerste uitzending van *Bureau Misdaad.* Het werd een gimmick: *kom je in dat programma, dan heeft je laatste uur geslagen.* In die periode zat ik samen met Peter voor een dubbelinterview bij de Amsterdamse zender AT5 en maakte hij gehakt van mijn debuut. Dát was niet goed, dát klopte niet. De empathie spatte er niet bepaald vanaf, maar het was wel eerlijk.'

Ze groeiden als collega's bij *RTL Boulevard* dichter naar elkaar toe. Aangename etentjes als misdaadredactie van dat programma. Totdat het weer even lelijk mis ging. Van den Heuvel werkte bij *De Telegraaf* met Bert Huisjes, tegenwoordig hoofdredacteur van omroep WNL. De weduwe van Thomas van der Bijl onthulde dat een geldstroom uit een boek dat Peter had geschreven naar haar man was gegaan. John en Bert schreven erover: *criminelen verdienen aan boek.* De Vries reageerde woedend, Van den Heuvel pareerde: mogen we alleen je hielen likken en moeten we zwijgen als er iets minder leuks te melden is? Ze ontweken elkaar weer even, om de kwestie vervolgens uit te praten tijdens een etentje. Jaren later belde De Vries: *De zussen van Willem Holleeder zijn met Justitie gaan praten en willen hun verhaal in* De Telegraaf *vertellen.*

'Een prachtige primeur, dank zij Peter. Tijdens het hele Holleeder-proces hadden we nauw contact. We hadden een gezamenlijk belang: ervoor zorgen dat Willem dit keer niet zou wegkomen met al zijn leugens en bedrog. Ging prima. Dat belang was er ook in het Marengo-proces. Ik hoopte – en rekende er eerlijk gezegd ook op – dat we weer samen zouden optrekken, dit keer om voor gerechtigheid te zorgen in de berechting van de bende van Ridouan Taghi. Daarom had ik er zo verschrikkelijk veel moeite mee dat Peter woordvoerder werd van een moordenaar uit die bende, ook al was hij inmiddels kroongetuige.'

Hij kijkt door het raam naar de tuin, waarin hij driehonderdenvier dagen geleden verdoofd voor zich uit zat te staren op de avond dat De Vries werd neergeschoten.

'Het was ongetwijfeld ooit weer goedgekomen tussen ons, zeggen ook zijn vrienden. Als dat laffe scharminkeltje hem niet uit het leven had geschoten. Maar *als*... Wat koop je daarvoor?'

Het mijmeren wordt onderbroken door het signaal dat er iemand voor de zwaar bewaakte poort staat. Een man van de politie. Er moet wat worden besproken. Iets met beveiliging.

18

OP DE KOFFIE BIJ TANTE JO

Heb je nog een beetje 'n sociaal leven, John?

'Je moet heel goed uitkijken dat je niet geïsoleerd raakt. Had ik in het begin veel last van. Liet ik uitnodigingen om op bezoek te komen schieten, omdat ik dacht: ik kan deze vrienden al die poespas niet aandoen. Ging op gezette tijden graag met kameraden de stad in. Op zaterdagavond, hapje eten, doorzakken en dan lekker *uitbrakken*. Leuk. Al vijf jaar niet meer gedaan. Als je op stap gaat is na één uur 's nachts iedereen aangeschoten en ben je ook zelf niet meer zo scherp. Nogal onverstandig in mijn situatie.'

Je bent chronisch een attractie: de-man-die-bewaakt-wordt.

'We proberen altijd zo onopvallend mogelijk aan te komen op locaties, zonder bombarie. Soms zelfs de auto een straat verderop stilzetten en dan zo geruisloos mogelijk met de beveiligers naar de plek waar je moet zijn. Maar de mensen gaan toch kijken. *O, dat is die Van der Heuvel, die wordt toch beveiligd?* Dat is niet prettig als je gezellig een avondje uit wilt. Even spontaan bij familie of vrienden langsgaan zit er niet in. Voelde me in het begin ook ongemakkelijk tegenover de beveiligers. Dacht: moeten die mensen nou een heel actieplan bedenken omdat ik even bij tante Jo op de koffie wil? Dus ging ik maar niet.'

Zal tante Jo wel begrip voor hebben gehad, toch?

'Jawel, maar de beveiligers bleven zeggen: 'Nee, het is al zwaar genoeg voor je, geef jij gewoon aan wat je zakelijk en privé wilt doen, dan proberen wij het te faciliteren. Ga jij jezelf nou niet beperken.' Ik begon me inderdaad wel een beetje een kluizenaar te voelen. Kwam het huis bijna niet meer uit. Heb ik goede gesprekken over gevoerd. Maar laatst was er weer even een tekort aan mensen en dan wordt de inzet van beveiligers beperkt. Dan word je *opgehokt*. Kun je nergens heen. Heb je huisarrest.'

Mariëtte heeft haar man vaker thuis, maar wel ineens héél vaak.

'Het is vooral pittig dat we nooit meer met ons tweeën weggaan. We zitten samen op de achterbank, met twee mannen of vrouwen voorin. Dat voelt toch als een beperking. Mariëtte heeft daar nog meer last van dan ik. Zij is een buitengewoon warm mens. Voelt zich niet prettig bij de ongemakkelijke stiltes die onvermijdelijk zijn in zo'n situatie. Gaat ze ter compensatie een praatje maken om het praatje maken. *O, kijk, ze zijn hier aan het bouwen.* Ze voelt zich sociaal min of meer verplicht om de stiltes vol te praten. Ik ben die stiltes inmiddels wel gewend.'

'Ik heb ongelooflijk veel respect voor Mariëtte. Denk dat menig vrouw in deze situatie had gezegd: of je gaat ander werk zoeken, of ik ben weg. Maar ze blijft zeggen: dit is jouw leven, ik steun je daarin. Ze zegt dan: een motoragent kan ook een ongeluk krijgen. En: Ik weet dat je niet gelukkig wordt als je zou moeten stoppen met je werk. Bewonderenswaardig.'

19

ONDER STUDENTEN

En dan is er die ene onvermijdelijke vraag. De zaal van hotel Van der Valk aan de rand van Nijmegen is gevuld met sjiek uitgedoste rechtenstudenten, alhier verzameld voor de lustrumviering van de Juridische Faculteits Vereniging (JFV), het bestuur in klassieke donkerblauwe pakken, het feestcomité in al even traditioneel grijs. De eerste spreker van de avond – in de aanloop naar het voorgerecht: *traag gegaarde Berkshire buikspek met hazelnoten, kaas kletskop en groene asperges* – is John van den Heuvel en hij heeft in dit gezelschap de juiste mix gevonden van spanning ('De aanslag op het Telegraaf-gebouw was niet de actie van een boze abonnee') en luchtigheid ('Ik heb me vroeger als undercoveragent vaak voor moeten doen als crimineel en dat boefjespelen ging me verbazingwekkend goed af').

Hij vertelt dat je als misdaadverslaggever welbeschouwd als een dompteur bent in het circus van de misdaad ('Nóóit je rug toekeren naar de roofdieren') en dan is er de vraag die alle 105 verenigde studenten van de Radboud Universiteit te Nijmegen in deze zaal willen stellen.

Als u alleen uw werk nog kunt doen als u moet vrezen voor uw leven, overweegt u dan nooit om te stoppen?

De misdaadverslaggever pareert subiet met een wedervraag: 'Ja, en dan? Dan stop ik. Zit ik de rest van m'n leven gefrustreerd op de bank, omdat ik me het mooiste vak van de wereld heb laten afpakken. Nee, stoppen is dus geen optie.'

De aankomst bij het hotel speelt zich – zoals hij al vijf jaar is gewend – af in een feilloos geregisseerd spanningsveld. De gepantserde bolide spookrijdend langs de geopende slagboom van de parkeergarage. In iedere hoek een beveiliger, in onderling contact via oortjes. Als je er geen oog voor hebt, vallen ze niet op. In de ontvangsthal wacht de voorzitter van het lustrumcomité nerveus op de eerste spreker, die aanvankelijk niet eens lijfelijk aanwezig zou zijn. Van den Heuvel zou via zoom op een scherm te bekijken zijn. 'De andere twee sprekers zijn wel fysiek van de partij', staat te lezen op de officiële uitnodiging. Een vaker gebruikte tactiek in de wereld van de beveiliging. Niets zo safe als – voor de buitenwacht – op het laatste moment en ook nog onverwacht arriveren.

'Mogen we u een glas champagne aanbieden?' vraagt de voorzitter aan zijn gastspreker.

'Doe maar water, ik moet nog spreken.'

'Wilt u wat eten?'

'Een broodje zou lekker zijn.'

'We hebben een varkenshaasje voor u.'

'Nog beter.'

Als Van den Heuvel in de nog lege zaal aan een lege tafel z'n mes zet in het malse stukje vlees ('Hé, gelukkig ontbreekt ook de appelmoes niet') schuift z'n gastheer onrustig achter hem langs. 'We wilden u daar – hij wijst naar een plekje in de buurt van het raam – uw lezing laten houden, maar vanwege uw veiligheid is ons geadviseerd om u in het midden van de zaal uw verhaal te laten vertellen.'

'Prima', zegt Van den Heuvel, er na al die jaren aan gewend dat in de hartverwarmende pogingen om zijn welzijn tot het uiterste te koesteren wel eens een tikkeltje wordt overdreven.

Het thema van de avond is *Criminaliteit & Liefde*, maar daar rekent hij snel mee af. 'Romantiek in de misdaad bestaat niet. Alles in dat wereldje gaat kapot, om te beginnen relaties. En de hartstocht van de zogenaamde gangsterliefjes is vooral gericht op de etalages van de duurste winkels in de PC Hooftstraat. Liefde voor misdaadverslaggeving bestaat wél. Ik ben daar het bewijs van. Ondanks alle ellende heb ik een prachtige job. Wat voor baan je ook kiest, doe je werk met liefde en passie. Kies je puur voor het geld, word je niet gelukkig.'

'Geen foto's van de heer Van den Heuvel maken alsjeblieft', zegt de opperstalmeester van de avond tussendoor nog even tegen de studenten met – uiteraard – allemaal hun mobieltje binnen handbereik. Foto's maken in dit tijdsgewricht bijna automatisch hun gang naar social media en de spreker met locatie en al tonen aan een groot publiek wordt in beveiligingskringen gezien als een gevalletje van de kat op het spek binden. De rechtenstudenten knikken begripvol. Van den Heuvel zit graag in een gezelschap van nieuwsgierige jonge mensen die zijn vakgebied gaan verrijken. Via het bureau *Quality Bookings* krijgt hij uit drie hoeken verzoeken om een praatje te komen houden: de overheid, het bedrijfsleven en het onderwijs. Vooral de zakenwereld betaalt gul om zo'n met een fors budget georganiseerd avondje door hem te laten optuigen met een gezellig praatje over moord en doodslag. Best aardig om te doen, best lekker verdienen, maar liever verschijnt hij voor niks bij toekomstige advocaten en rechters. Adviezen geven en er soms ook waardevolle journalistieke tips voor terugkrijgen.

'Ik heb jullie allemaal laten natrekken', zegt hij tegen z'n gehoor. 'We maken er gewoon een mini-college van en ik ben gek op vragen.'

Hij vertelt hoe John Mieremet tegen hem uit de school klapte over de witwastrajecten van collega-criminelen die hem om wilden leggen. Hij memoreert aan het omslagpunt in de polderlandse misdaad: de opkomst van ene Ridouan Taghi in Utrecht. 'Wij waren nog druk bezig met het Hollandse netwerk en onder de radar groeide de bende van Taghi als kool. De monsterlijke organisatie wordt in verband gebracht met opvallend veel liquidaties.'

'Het is door de explosies van geweld een beetje druk in het cachot. En denken jullie dat de gevangenen die vaak tientallen jaren achter slot en grendel moeten zitten rustig afwachten tot de deuren opengaan?', vraagt John aan de studenten. 'Vergeet het maar. De criminaliteit wordt voortgezet. Volgens het OM door gebruik te maken van het mailsysteem *e-mates*.' Hij heeft erover geschreven. De gevangenis als crimineel kantoor. Hoe de neef van Ridouan Taghi ervan wordt verdacht om in de rol van advocaat te hebben meegewerkt aan plannen voor uitbraakpogingen. Hoe hij urenlang per dag ongestoord kon praten met 's lands meest gevreesde crimineel.

Terwijl de studenten het hoofdgerecht krijgen opgediend (*varkenshaas, zalmfilet of Marokkaanse Tajine*) verlaat Van den Heuvel het hotel met een blijk van waardering: een fles witbier. In de parkeergarage opereert zijn beveiligingsteam even soepel als bij aankomst. Auto met draaiende motor bij de uitgang, deuren open, instappen. En dan het geijkte commando: 'Ingeblikt! Rollen!' Soms gaat het ook een beetje anders. John herinnert zich een tv-optreden in de *Cooke & Verhulst Show*, een soort praatprogramma met de baas van Studio 100 (K3, Kabouter Plop, Piet Piraat) Gert Verhulst als gastheer. Hij reed van Zandvoort naar de studio en merkte meteen over de grens dat de Belgische politie zijn komst wel heel erg serieus nam. Steeds meer agenten doken op, een speciale eenheid uit Brussel verscheen en explosievenhonden kamden de studio uit. Van den Heuvel voelde vooral gène over het spektakel.

Die neef van Ridouan Taghi spookt nog door zijn hoofd, zegt hij in de auto tussen Nijmegen en zijn huis. 'Of advocaten natuurlijke vijanden van misdaadverslaggevers zijn? Nee, van het OM', zegt hij op z'n vaste stek in de zwarte bolide. 'Voor ons kunnen advocaten ook bronnen van informatie zijn, al moet je hun informatie met argusogen bekijken. Ze hebben één belang en dat is het belang van hun cliënten. Daar wringt vaak de schoen. En ze wapenen zich door regelmatig steken onder water aan ons uit te delen. Dat wij misdaadverslaggevers meerijden op de bagagedrager van het Openbaar Ministerie.'

Van den Heuvel controleert de recent binnengekomen berichten op zijn mobiel en stuit – alsof de duivel er mee speelt – op een kersverse mail van Inez Weski, één van de advocaten van Ridouan Taghi. Een boos schrijven. Over de *e-mates*-affaire. Van den Heuvel heeft in *RTL Boulevard* gesproken over de door het OM gesignaleerde wantoestanden in de gevangenissen en dat zint de raadsvrouw van de misdadiger allerminst.

Ik verzoek u publiekelijk uw uitlatingen als zou cliënt (Taghi) vanuit de EBI ongecontroleerd via e-mates *hebben kunnen communiceren te rectificeren. Uw uitlatingen zijn niet juist.*

De misdaadverslaggever reageert onverstoorbaar. 'De tijd dat ik van zulke berichten hartkloppingen kreeg ligt ver achter me. Advocaten als Weski hebben het ook niet makkelijk met klanten als Taghi. Ik heb stellig de indruk dat ook zij onder zware druk staat. Ze heeft zich behoorlijk in de nesten gewerkt. Heeft denk ik onderschat in wat voor slangenkuil ze als advocaat terecht zou komen.'

Er is veel veranderd sinds de moord op advocaat Derk Wiersum, verzucht Van den Heuvel als de gepantserde wagen de A1 opdraait. De dag van een aardschok binnen de juridische wereld. 'Er was tot die 18e september 2019 in deze kringen nog iets van: *het gaat ons allemaal niet aan. Ze maken elkaar maar af, het raakt ons niet persoonlijk.* Je zag de omslag. Iedereen schrok wakker en ook ik moest even in m'n arm knijpen. Wat voor wereld is dit geworden?'

Hij werd gebeld door Frank Dane, toen nog dj van de ochtendshow op Radio 538. Voor een eerste reactie. Wat moest hij zeggen? Wat kon hij anders roepen dan dat het een zwarte dag was? De vermoedelijke daders waren eindeloos vaak door de straat van Wiersum gereden. Toen de moordenaar voor hem stond, weigerde het wapen. De man rende terug naar de vluchtauto en de advocaat ging achter hem aan. In een – achteraf dodelijke – reflex. 'Je wéét niet hoe je in zo'n situatie reageert', zegt John van den Heuvel. 'Daar kun je niet op trainen.'

Met respect heeft hij gekeken naar de vrouw van Derk Wiersum. In al haar verdriet had ze de tegenwoordigheid van geest om de andere advocaat van kroongetuige Nabil B te bellen: 'Blijf binnen, want ze hebben net Derk doodgeschoten'.

'De kracht die zo'n vrouw op zo'n moment kan opbrengen... Bewonderenswaardig.'

Hij besluit toch nog maar even een reactiemailtje naar Inez Weski te stu ren, in de trant van: dank voor uw bericht, ik heb de inhoud tot mij genomen. Anderhalve dag later volgt het echte antwoord op de enige plek waar dagbladjournalisten antwoord horen te geven: in de krant. Op pagina 11 van *De Telegraaf* schrijft John van den Heuvel in zijn opinie onder de kop Gevangenissysteem grondig herzien:

> *Als gevolg van de maatregel van minister Franc Weerwind (Rechtsbescherming) om* e-mates *stil te leggen kunnen gedetineerden in Nederlandse gevangenissen nu al weken geen mails meer sturen of ontvangen. Taghi's advocaat Inez Weski hekelt het besluit omdat haar cliënt alleen met familie zou communiceren. (...) Dat Weerwind geen risico neemt, is alleen maar te prijzen. Hij geeft blijk oog en oor te hebben voor een probleem dat momenteel iedereen binnen opsporingsland grote zorgen baart: het voortgezet crimineel handelen vanuit de gevangenis. (...) Het is ronduit naïef te denken dat zware criminelen achter de tralies lijdzaam afwachten tot de straf erop zit. (...) Ze organiseren drugstransporten om geldstromen intact te houden en rekenen binnen en buiten de muren van de inrichtingen af met vijanden. (...) Nu politie en Openbaar Ministerie er steeds beter in slagen criminele netwerken als die van Ridouan Taghi te ontrafelen en criminele machtsstructuren af te breken, wordt het tijd voor de volgende stap. Het grondig herzien*

van het penitentiaire systeem in Nederland, waarbij veiligheid voor de maatschappij centraal moet staan. De nieuwe ministers van het departement van Justitie en Veiligheid wacht een schone taak.

Het is hoogstwaarschijnlijk niet de publiekelijke rectificatie die Inez Weski als advocaat van Ridouan Taghi in haar hoofd had.

20

NOOIT MEER ONDERDUIKEN

Wanneer drong voor het eerst echt tot je door dat je als journalist met roeren in de shit van de misdaad je leven op het spel kunt zetten?

'Tijdens de zaak Endstra, in 2002. Of eigenlijk in de periode daarvoor al. Vanaf 2000 had je een piek in de aanslagen binnen de Hollandse netwerken. De liquidatiepogingen op Jan Femer en Sam Klepper staken de lont in 't kruitvat. Ik woonde destijds net in Zandvoort. Stond m'n auto te wassen op de oprit toen de telefoon ging. *Ja, met Sam, je weet wel.* Ik reageerde afwerend: 'Als ik iets van je wil weten, bel ik je advocaat wel.' Hij deed alsof-ie me niet hoorde. 'Ik vind het héél vervelend als je over mij schrijft', bleef hij zeggen. Ik heb daarna nog een paar keer met hem gesproken. Je kunt niet zeggen dat er een klik was – want met zulke mannen heb je nooit een klik – maar we konden met elkaar communiceren. Hij was mij op het spoor gekomen via Henk Rommy, de *Zwarte Cobra*. Ik had Rommy verteld dat ik wel geïnteresseerd was in wat het duo Klepper en Mieremet aan het uitspoken was. En Klepper had een akkefietje met de Zwarte Cobra, zocht hem op in de gevangenis en het eerste wat die Cobra zei was: 'Jij moet oppassen, want John van den Heuvel is met je bezig'. Toen ik dat hoorde dacht ik: zo werkt het dus.

In die periode werd ons huis al een fort en reed ik in een gepantserde BMW 750 IL.'

Klepper dacht: even die Van den Heuvel stil zien te krijgen?

'Hij belde mij om het verhaal van Rommy te verifiëren. Voor hetzelfde geld had hij me meteen een kogel door m'n hoofd geschoten. Mieremet en hij waren er toe in staat, die reputatie hadden ze. De ene na de andere werd in die periode om zeep geholpen.'

Hoe zat het dan met de vaak zo geromantiseerde erecodes binnen de zware misdaad?

'Niks erecodes. Die twee hadden een appartement boven het winkelcentrum op het Gelderlandplein in Buitenveldert. Klepper zei: 'Het is hier niet pluis, ik zie 's nachts allemaal geesten.' Mieremet lachte hem uit. 'Onzinverhaal! Dat kunnen alleen de geesten zijn van de lieden die wij hebben vermoord en dat zijn er zoveel, die passen niet in deze slaapkamer.' Nul ethiek. De enige die nog iets van een geweten had, was Charles Zwolsman. Die belandde vaak achter de tralies omdat hij niet meedogenloos genoeg was. Hij was ook niet altijd goed met betalen, kreeg daardoor verklikkers in zijn organisatie. In dit wereldje is het gebruikelijk dat je wordt omgelegd als je te veel over geld gaat zeuren. Het is goedkoper om een moordenaar voor 10.000 euro in te huren dan dat je een tonnetje of twee aan iemand moet dokken. *Ik moet hem zoveel terugbetalen, maar als ik Milos of Luka uit Servië laat overkomen, ben ik veel goedkoper uit.* Zo werkt het vaak. Die Zwolsman was daar niet hard genoeg voor.'

De lieden die in 2002 jouw huis overvielen toen jij vakantie vierde op Bonaire wèl.

'Ja, dat was het dieptepunt van een toch al turbulente periode. Ik zag om me heen dingen gebeuren, raakte steeds beter ingevoerd en dacht: Jezus, je bent wel in een strontput aan het roeren. Voor het jaar 2000 had ik nog het gevoel: niemand doet mij wat, want ik ben journalist. Die naïviteit heb ik lang gehad. Zat in de jaren negentig samen met Telegraaf-collega Joost de Haas al een keer in het buitenland ondergedoken na een publicatie over *De Hakkelaar.* Rechercheurs aan de deur: *jullie moet onmiddellijk vertrekken, want er is een Chinese huurmoordenaar onderweg.* Snel spullen pakken en ergens in Duitsland naar een schuiladres. Was in 1996. Hans de Haas – voormalig hoofdredacteur van *De Telegraaf* en de vader van Joost – haalde onze kinderen op om met hen naar de viering van het Sinterklaasfeest te gaan.'

Dat onderduiken beviel je niet.

'De tweede keer vierde ik m'n 40e verjaardag op een onderduikadres in Parijs. De kinderen waren jong. Toen we plotseling ons huis uit moesten, hebben we tegen hen gezegd: we gaan lekker een tijdje op vakantie. Naar Disneyland, opgaan in de menigte. Dat was ons ook geadviseerd. Na die overval op ons huis in Zandvoort werden hoofdredacteur Eef Bos en ik naar het hoofdbureau van politie in Amsterdam geroepen. Zaten we daar tegenover een batterij aan recherchechefs met ernstige gezichten. Ze zeiden: 'Je moet voor de feestdagen weg of we zetten een arrestatieteam in de straat en je krijgt een bewakingshuisje voor je deur.' Eef en ik keken elkaar aan. We liepen naar buiten en Eef zei: *Wat afschuwelijk dit, wat verschrikkelijk voor je.* Ik dacht: welkom in mijn wereld, Eef.'

Je nam een resoluut besluit: nooit meer het huis uit vluchten.

'Je moet altijd weer terug en die tijd is het moeilijkst. Juist dan voel je je niet veilig. Krijg je te horen *het licht staat op groen, ga maar weer thuis wonen.* Alsof alle dreiging in één keer weg is. Duurt lang voordat je weer de rust terugvindt. Ik heb er behoorlijk over moeten debatteren met de instanties, maar onderduiken doe ik niet meer. Het liefst zien ze je in een *safehouse.* Maar onze woning is inmiddels zo goed beveiligd dat het een safehouse ís. Dan heeft het ook weinig zin om ergens anders te gaan zitten. Daar komt bij dat ik bekend ben en mensen me regelmatig herkennen. Er zitten tientallen mensen in hetzelfde parket als ik, maar die kunnen nog met een hoedje of een petje in Maastricht of Rotterdam gaan wandelen. Dat is voor mij geen optie.'

21

TUMULT OP DE A2

Het is 6 januari 2022 rond het middaguur als John van den Heuvel zijn beveiligers vraagt om even naar slagerij *Hergo* in de Beethovenstraat te rijden. Hij was voor overleg op de redactie van *De Telegraaf*, wil langs gaan bij zijn vader in Eindhoven en die is dol op de belegde broodjes van Hergo. Hijzelf vindt de *halfom* en *filet American* trouwens ook niet te versmaden.

Met een volle lunchzak op de achterbank op weg naar de A10 trilt z'n mobiel. De vader van een kind dat door de moeder onwettig bij hem is weggehaald, een man met wie hij nauw contact heeft voor zijn tv-programma *Ontvoerd*. Geconcentreerd en gegrepen door weer zo'n gevoelig gesprek heeft hij aanvankelijk nauwelijks in de gaten dat de chauffeur steeds meer gas geeft. Door het raampje ziet hij een scooterrijder wild over een fietspad scheuren en een andere een stukje tegen het verkeer in rijden.

Niet direct aanleiding voor ongerustheid: dit is Amsterdam, vaak een minivrijstaat vol anarchisme als het gaat om verkeersregels. Kan zijn dat één van die brullende tweewielers de gepantserde bolide een tijdje heeft gevolgd, maar ook dat komt vaker voor: hinderlijk achterna gezeten worden door nieuwsgierigen. Hij gaat volledig op in het leed van de vader aan de telefoon, ook nog als de auto de ring A10 op is gedraaid, een zwaailicht aangaat en de schelle tonen van een sirene over het asfalt snerpen.

'Jongens, kan het even iets rustiger, ik zit te bellen', zegt hij, maar hij krijgt geen reactie. Harder en harder gaat het als de A10 is overgegaan in de A2. Ook dat is niks bijzonders. Af en toe kom je op snelwegen wegpiraten tegen die het reuze-interessant vinden om even wedstrijdje te doen met zo'n mini *cordon sanitaire* om vervolgens te worden afgeschud en je gaat na jarenlang louter autoritten in een bewaakte wagen niet constant achterom zitten kijken.

De beveiliger op de bijrijdersstoel draait zich om en gebaart dat er overlegd moet worden.

'Sorry', zegt Van den Heuvel, 'ik zit nog even te bellen.'

'Vergeet dat gesprek maar', krijgt hij te horen. 'We hebben een incident en gaan niet naar uw vader.' De wijzer van de kilometerteller tikt inmiddels de 220 aan.

'Ik bel u later terug', roept Van den Heuvel in zijn mobiel boven het geluid van de sirene uit en wendt zich tot de mannen voorin.

'Als we niet naar mijn vader gaan, waar gaan we dan heen?'

'Naar Driebergen'.

'Wat moeten we in Driebergen?'

'We gaan naar een politiebureau. Er is iets aan de hand, maar we weten nog niet wat.'

Met z'n mobiel op schoot wacht de verslaggever gelaten af. Wat kun je doen in zo'n situatie? Wat wil je doen? Normaal gesproken is zijn geliefde stek bovenop het nieuws, maar dit is niet normaal en bovendien twijfelt hij of het wel nieuws is of ophef om niks. Er is al zoveel te doen over zijn beveiliging, helemaal sinds de liquidatie van Peter R. de Vries. Hij zit niet te wachten op nieuwe poespas, hij wil gewoon z'n werk doen.

De zwarte auto draait het parkeerterrein op van het hoofdkantoor Landelijke Eenheid van de politie in Driebergen.

'Kom maar mee, dan gaan we binnen even koffiedrinken', zegt één van de beveiligers met vriendelijke stem.

Van den Heuvel denkt: *als ik uit de auto stap, gaat het allemaal nog langer duren.*

'Laat mij hier maar zitten', reageert hij al even vriendelijk.

De bolide wordt een garagebox ingereden en de deur klapt achter hem dicht.

'Gaat het lang duren?', vraagt hij nog.

'Ja, reken daar maar wel op', krijgt hij als antwoord.

Daar zit hij. Alleen in een auto in een verder lege garagebox bij een politiebureau te Driebergen. Gelukkig heeft hij de broodjes uit de Beethovenstraat nog. Hij eet eerst die van hemzelf op (halfom en filet Americain) en begint daarna aan die van zijn vader, want Eindhoven – realiseert hij zich – gaat vandaag niet meer worden gehaald.

Na enige tijd stapt een politiecommissaris – voor Van den Heuvel geen onbekende – de garage binnen.

'Mag ik even bij je in de auto komen zitten?', vraagt hij.

'Ja, prima.'

'We zijn hier voorlopig nog niet weg', zegt de man.

Op dat moment trilt het mobieltje van de verslaggever weer. Minister Ferd Grapperhaus.

'Hoe is het met je?', vraagt de baas van Justitie.

'Nou goed... Ik zit hier in een garage en heb geen idee wat er aan de hand is.'

'Hebben ze je nog helemaal niks verteld dan?'

'Nee, niemand vertelt me iets.'

'Ik ga er werk van maken, je hoort van me.'

Hij wordt naar een kamertje gebracht. Daar vertellen ze hem een tijdje later in grote lijnen wat er gaande is: gevolgd door een verdachte in een Audi, die het teken 'afstand houden' negeerde, de bestuurder is door een arrestatieteam van de Dienst Speciale Interventies (DSI) aangehouden, de auto wordt momenteel doorzocht door specialisten van de Explosieven Opruimingsdienst Defensie. De arrestant zou genoemd worden in het Marengo-dossier vanwege een link met de bende van Taghi. Daardoor zijn alle alarmbellen afgegaan.

Ondertussen komt er een golf van *push*-berichten uit zijn mobiel. *Dreigende situatie op de A2. Snelweg afgezet in beide richtingen.* Niemand weet op dat moment nog dat al die opwinding te maken heeft met Van den Heuvel. Fotograaf Edwin Smulders staat in de file en stuurt via whatsapp een filmpje en een spraakbericht.

John, ik weet niet wat er aan de hand is, maar ik ben op de A2 en ik denk dat inmiddels vijftien politiewagens mij voorbij zijn gereden en hier bij Maarssen staan ze met z'n allen op de vluchtstrook. Geen idee wat er allemaal speelt, maar dit is wel heel erg.

Hilarisch... Smulders die zijn tip stuurt naar de man om wie het nieuws draait. Van den Heuvel kan er hier en nu niet om lachen. Hij voelt zich klote. Over al die mensen, uren in de file op de A2. Over het onlogische van de situatie. Raar om op zo'n manier een aanslag te willen plegen, denkt hij. Er is bij hem geen angst, geen paniek. Wel de frustratie dat hij – inmiddels diep in de analysemodus – geen verklaring kan vinden voor wat er rond hem is gebeurd. Hij kan zich niet voorstellen dat dit de inleiding kan zijn van een liquidatiepoging. Het komt bij hem eerder over als een provocatie. Of een voorverkenning. Een test, kan ook. Dat ze wilden weten: als je dicht achter Van den Heuvel rijdt, hoe lang duurt het dan voordat er wordt ingegrepen?

Zijn gezin is veilig, krijgt hij te horen.

'We willen jou naar een safehouse brengen' wordt hem verteld.

Ja, het liefst zien jullie bazen me worden weggebracht naar een kazerne in Duitsland of Polen om me daar een paar weken te laten zitten, denkt Van den Heuvel. *Mooi niet.*

'Geen denken aan', zegt hij. 'Ik wil eerst precies weten wat er aan de hand is en dan is het nog vroeg genoeg om te kijken of er extra maatregelen nodig zijn. Ik heb mezelf beloofd dat ik nooit meer ga onderduiken en daar hou ik me aan. Breng me maar gewoon naar huis.'

Politiewoordvoerders laten doorschemeren dat ze willen uitpakken met een persbericht. Het leidt tot een zware discussie met de hoofdrolspeler in die potentiële berichtgeving. Een buitengewoon onwerkelijk twistgesprek in een omgekeerde wereld. Voorlichters die iets naar buiten willen brengen, 's lands bekendste misdaadverslaggever die zegt: jongens, laten we nog even wachten. Ingefluisterd door zijn journalistieke intuïtie: dit kan wel eens een storm in een glas water blijken te zijn. Er komt een compromis: de politie zet een berichtje op Twitter, John komt met een bescheiden verklaring op Instragram. Hij heeft contact met de nieuwschefs van *De Telegraaf*. 'Ik ga niet over mijn eigen situatie een verhaal schrijven', zegt hij. Daar is aan de Basisweg begrip voor.

Na zeven uren verlaat de gepantserde bolide eindelijk de garagebox te Driebergen. Alle kruisingen onderweg worden afgezet, overal is motorpolitie en voor het toegangshek naar zijn huis staan leden van de Bewakingseenheid. Kleerkasten met automatische geweren die Van den Heuvel kent van 's lands best beveiligde rechtbank Amsterdam, alias *De Bunker.*

'Wanneer gaan zij weg?' vraagt hij als de auto de oprit op draait.

'Ze blijven hier voorlopig staan', klinkt het resoluut.

Binnen een uur ziet Van den Heuvel via de bewakingscamera's gebeuren waar hij al voor vreesde: de straat verandert in een magneet voor ramp-toerisme.

Hij heeft meer stress van de extra bewaking – die als een soort circus-attractie wordt omarmd door de nieuwsgierige medemens – dan van Het Incident.

Eén van z'n zoons komt thuis. Hij zou vandaag opnames maken van verkeersacties van de politie voor een tv-programma op RTL 5 ergens langs de A4. 'Hoe was jouw dag?' vraagt z'n vader. 'Een beetje anders dan gepland', antwoordt junior Heuvelriaans nuchter. 'We waren net aan het filmen toen bij de politiemensen het bericht binnenkwam dat er op de A2 iets ernstigs was gebeurd en dat we daar onmiddellijk naartoe moesten. Met 200 kilometer per uur en loeiende sirenes zijn we erheen gereden en onderweg kreeg ik te horen: 'Sorry om het te moeten zeggen, maar we krijgen net door dat het om jouw vader gaat.' Of ik liever ergens afgezet wilde worden. Natuurlijk niet.'

'Je hebt op die plek toch wel beelden gemaakt?' vraagt senior.

'Uiteraard' zegt z'n zoon. 'Ik heb zelfs de verdachte en zijn auto kunnen filmen. Maar ik weet niet of de kwaliteit top is. 't Is mogelijk dat de beelden een beetje beverig zijn.'

Lopend door de woonkamer ziet John in een oogwenk dat RTL Nieuws het A2-item heeft opgepakt. Om acht uur zit hij op de bank als het NOS Journaal begint. Verslaggever Gerry Eickhof verschijnt in beeld, ergens in de berm naast de snelweg tussen Breukelen en Maarssen.

'Hier is eerder op de dag John van den Heuvel afgevoerd met een helikopter', zegt de NOS-journalist.

'O' denkt de misdaadverslaggever. 'Is dat zo? Heb ik iets gemist?'

22

DE BIVAKMUTS & DE KRUIPRUIMTE

De dagen die volgen blijven de puzzelstukjes wringen in zijn hoofd. Van den Heuvel probeert ze in elkaar te schuiven, maar ze passen niet. De aangehouden verdachte is de 36-jarige Mourad A., een kennis van Marengo-moordverdachte Mohamed el A. en zelf ook besmet met een stevig strafblad: veroordeeld voor een steekpartij en wietdiefstal. In zijn auto lagen drie telefoons – waarvan hij tijdens de verhoren de codes weigerde te geven – en een bivakmuts. Die auto is een Audi RS3, vanwege z'n topsnelheid vaak ingezet bij liquidaties of plofkraken. En Mourad A. zou de volgende dag 'voor vakantie' naar Dubai vliegen, een populair onderduikadres voor criminelen en de plek waar Ridouan Taghi zat verscholen voordat hij werd gearresteerd.

Maar uit een politiereconstructie blijkt dat er onmogelijk sprake kan zijn geweest van een gecoördineerde actie van Mourad A, de twee scooterrijders en een man in een tweede Audi. Zelfs een geoefend arrestatieteam krijgt het niet voor elkaar om op verschillende plekken te starten en precies op hetzelfde moment op de dezelfde locatie aan te komen. Van den Heuvel besluit om er zo weinig mogelijk over te zeggen, maar als de advocate van

Mourad A., mevrouw Veerle Hammerstein, in zijn ogen halve waarheden spreekt, wil hij bij *RTL Boulevard* toch reageren. Tot ongenoegen van de politie, die 'hangende het onderzoek' liever niet heeft dat hij op tv komt.

'Ik wil gewoon m'n werk doen en dit is daarvan onderdeel', zegt hij. 'Klaar.'

En aan een advocate die in een eerste reactie stelt dat haar cliënt volkomen onschuldig is, móet hij wel tegengas geven. 'Want een aan het Marengo-proces gelieerde kennis van Mohamed el A – veroordeeld ook nog voor zware vergrijpen – die weigert om bevelen van de politie op te volgen... zo onschuldig is het allemaal nou ook weer niet.' Hij is blij met het adequate optreden van de beveiligers, verklaart hij. 'Ze waren scherp.'

Een paar dagen later zegt hij bij *Ekdom in de morgen* op Radio 10: 'Ik vind het nog steeds raar... De verdachte die van zijn werk komt, met hoge snelheid aan onze bumper kleeft en verklaart dat hij de bivakmuts op de achterbank gebruikt als hij voor klusjes in kruipruimtes moet zijn.'

En ondertussen is er ook nog de gekte voor huize Van den Heuvel, aangewakkerd door de extra bewaking. Een freelancefotograaf maakt foto's van mannen in 'oorlogsuitrusting' met volautomatische wapens over de schouder, kiekjes die op alle mogelijk sites terechtkomen. Van het *AD* tot de NOS. Er staat bij: *Woning van John van Heuvel zwaar bewaakt.* En het huisnummer is duidelijk zichtbaar.

Op de redactie van *De Telegraaf* zijn ze een hele nacht bezig geweest om die plaatjes van internet af te krijgen. Is zelfs een gespecialiseerd bedrijf voor ingeschakeld. Van den Heuvel maakt zich geen enkele illusie; de zware misdaad weet echt wel waar hij woont, maar je hebt ook nog de gekkies, de wappies en de idioten.

23

ALTIJD MAAR DAT TERUGTREKKEN

Zit je nog steeds met een dubbel gevoel over dat gedoe op de A2, John?

'De zaak tegen verdachte Mourad A. is geseponeerd, mijn gevoel dat het niet om een aanslag ging klopte dus wel. De beveiligers hebben hun werk zoals altijd fantastisch gedaan, ik ben ze daar hartstikke dankbaar voor. Het probleem zit niet bij de mensen in het veld, maar in het systeem. Hoe je het ook wendt of keert, de overheid sloeg op de vlucht voor lieden die zich niet aan de wet houden. Snap ik wel, er zijn allerlei protocollen voor. Te beginnen bij het bordje *Afstand houden* dat wordt getoond als die gozer in z'n Audi pal achter ons blijft rijden. Hij gaat gewoon door met bumperkleven en wat gebeurt? Wij rijden met 220 kilometer per uur naar het eerste de beste politiebureau, bewakingseenheid er omheen. In veel andere landen waren die gasten van de weg geschoten. Ik pleit er niet voor om meteen het vuur te openen, absoluut niet, maar wat hier gebeurde was een illustratie dat dit soort gasten zich oppermachtig waant. Hoe haal je het in je hoofd om met je auto pal achter een zwaarbewapend konvooi te rijden en politie-aanwijzingen te negeren? Met als gevolg dat één van de belangrijkste verkeersaders van Nederland urenlang verstopt zat.'

Wel buitengewoon knap dat zo'n DKDB veel tot van alles weet wat zich in de misdaadwereld afspeelt.

'Ze weten inderdaad heel veel, maar aan de andere kant irriteert het me dat de enige concrete aanpak is: steeds meer mensen in de beveiliging stoppen, op basis van al die informatie. *Díe kan risico lopen, díe gooien we in de beveiliging, en o, díe gooien we ook in de beveiliging.* Dat systeem is totaal overbelast. Heb ik laatst een uitgebreid gesprek over gehad met twee mensen van de NCTV, Nationaal Coördinator Terrorismebestrijding en Veiligheid. Ze wilden mijn mening als ervaringsdeskundige. Ook zij zeiden: 'Er moeten veranderingen komen, want zo gaat het niet langer.' Personeelstekorten, gebrek aan opleidingscapaciteit, meer mensen in de beveiliging... Dat leidt er onvermijdelijk toe dat mensen met permanente bewaking steeds vaker een soort huisarrest krijgen, omdat er geen beveiligers inzetbaar zijn.'

Je klinkt geïrriteerd.

'Ben ik ook. Ik zei tegen die mannen: hoe zorg je ervoor dat de druk kleiner wordt? Dat de dreiging afneemt? Schop de lieden aan de top die daarvoor verantwoordelijk zijn terug in hun hok. In plaats van de rolluiken laten zakken en steeds meer mensen laten beveiligen. Altijd maar weer die terugtrekkende bewegingen. Als overheid moet je juist een stap naar vóren maken. Die gasten moeten bang zijn voor de overheid, voor wetshandhavers. Niet omgekeerd. Ik heb dat gedoe op de A2 als voorbeeld genoemd van hoe het anders moet.'

24

EEN TIKKELTJE OPGELATEN

Geen liquidaties, geen gouden tips, geen vergismoorden. Het is op deze januaridag betrekkelijk rustig in het journalistieke bestaan van John van den Heuvel als de telefoon gaat. Of hij later op de dag naar 'de krant' kan komen, de hoofdredactie wil hem even spreken. Hij overlegt met de DKDB; een gepantserde auto kan hem op komen halen. De bewakers begeleiden hem - keurig op tijd - zoals altijd door de hoge hal van het Telegraafgebouw, door de veiligheidssluizen, op de roltrap, linksaf naar de kantoortuin voor journalisten. Als z'n toegangspasje ook de laatste deur heeft geopend en hij de redactie oploopt, wordt hij opgewacht door een niet kinderachtig ontvangstcomité: de volledige Raad van Bestuur van het Mediahuis en het trio van *De Telegraaf*-hoofdredactie. Ze staan in de studio waar de podcasts van de verslaggevers worden opgenomen. Camera's zijn op het-middelpunt-van-de-belangstelling gericht. Thuis voor hun computerschermen kunnen de collega's - ingelogd via *Zoom* - de beelden zien. Corona maakt een massale samenscholing nog onverstandig.

Hoofdredacteur Paul Jansen zegt hoe spijtig het is dat Mick van Wely niet aanwezig kan zijn. 'Hij kijkt vanuit z'n huis mee. We hadden hem hier graag naast jou zien staan, maar hij kon vanmiddag geen beveiliging krijgen voor een ritje naar de redactie.'

Hoe ironisch, denkt Van den Heuvel. De leiding van de krant besluit tot een eerbetoon aan haar bedreigde en dus beveiligde misdaadverslaggevers en één van de twee moet verstek laten gaan omdat hij vanwege een te krap overheidsbudget vandaag even niet buiten de deur beveiligd kan worden. Nederland anno 2022.

Jansen spreekt lovende woorden. Over journalistieke pitbulls met een neusje voor *scoops*. Over hoe criminelen sidderen voor hun scherpe pen, die doeltreffender is dan menig justitieel onderzoek. Hoe knap het is dat zijn misdaadverslaggevers de journalistieke rug rechthouden terwijl ze met het grofste geweld worden geconfronteerd en aldus giganten zijn voor de vrije pers. De hoofdredacteur overhandigt Van den Heuvel een ingelijste krant.

De verslaggever kijkt ernaar en ziet op de voorpagina zijn hoofd, naast dat van collega Van Wely, met daaronder in 'chocoladeletters'.

JOURNALISTIEKE HELDEN

Van den Heuvel voelt zich in dit decor alsof tante Jo hem voor de ogen van de voltallige familie een zelfgebreide trui schenkt. Hartstikke lief van tante Jo, prachtig breiwerk ook, hartverwarmend gebaar, maar bovenal toch een geste die er voor zorgt dat hij zich een tikkeltje opgelaten voelt. Journalistieke held… Vleiende gedachte dat anderen hem zo zien, maar hij zelf heeft niks met die term.

Hij voelt zich gesteund door zijn collega's en zijn bazen, ook als ze hem en Mick niet afschilderen als helden. Er zijn geen belemmeringen, niets is onbespreekbaar gebleken als het gaat om Micks en zijn veiligheid. In Nederland ligt een groot deel van de verantwoordelijkheid voor de persoonlijke beveiliging bij de werkgever. De overheid zegt nogal snel: dit is het pakkie an van de ondernemer, de rekeningen kunnen naar de uitgever. *De Telegraaf* is daar nooit voor weggekropen en dat – vindt Van den Heuvel – valt te prijzen. Hij heeft het in zijn wereldje wel eens anders gezien. Uitgevers die het buitengewoon prettig vinden als er dank zij misdaadverslaggeving geld binnenkomt, maar als er poen neergeteld moet worden voor de veiligheid van de journalisten geven ze niet thuis. De nasleep van de aanslag op *Panorama* was een goed voorbeeld. Van den Heuvel sprak collega's van dat blad en de frustratie droop van hun woorden. De directie deed weinig om hen te beschermen.

'Ze bekijken het maar', kreeg hij te horen. 'Er is verdomme een raket naar binnen geschoten, wat staat ons nog meer te wachten? En als de bazen dan te beroerd zijn om veiligheidspoortjes bij de ingang te plaatsen, zodat iedereen nog steeds naar binnen kan lopen, dan houdt het voor ons op.' Hij kent collega's die om dit soort redenen zijn gestopt met misdaadverslaggeving. Afgehaakt omdat ze zich in de steek gelaten voelden. En dan zijn verslaggevers in vaste dienst ook nog zwaar in het voordeel vergeleken met freelancers, die alles zelf moeten regelen en betalen. Die zeggen – hartstikke logisch – *we kiezen voor een veiliger weg.* Met als gevolg dat alleen misdaadverslaggevers van grote en loyale concerns hun nek nog durven uit te steken.

En ook die staan niet alleen fysiek en mentaal onder druk. Geld speelt een belangrijke rol. Machtige criminelen proberen journalisten steeds vaker kapot te procederen, met alle kosten van dien. Dure advocaten op je nek, gepeperde schadeclaims op je mat. Dan ben je als journalist aangewezen op werkgevers die de poot stijf houden en dure advocaten inschakelen om tegengas te kunnen geven.

Van den Heuvel heeft niet de indruk dat zijn bazen achter gesloten deuren aan het plussen en minnen zijn: *er komen zoveel extra abonnees binnen door de verhalen van John en Mick, dus er mag zoveel aan hun beveiliging worden uitgegeven.* Journalistieke principes blijven winnen, criminelen gaan niet bepalen wat de krant schrijft. Als daar prijskaartjes aan hangen, dan is dat maar zo. De verslaggever heeft nooit een seconde het gevoel gehad dat hij van bovenaf een bepaalde richting in werd geduwd. Dat ze dachten: ga lekker over bolletjesslikkers schrijven, maar laat de zware jongens met rust, want die kosten ons te veel geld.

Hij weet dat misdaad vaak een belangrijke pijler is voor kranten en ook voor *Videoland*, *Netflix* en *RTL Boulevard.* Crime verkoopt en er zijn maar weinigen die erover durven te berichten. Of kunnen. De spoeling is dun, de misdaadverslaggever wordt steeds zeldzamer. Van den Heuvel heeft andere tijden meegemaakt. Toen alles kon, in vrijheid. Theo Kuijpers haalde hem van de politie naar *Het Nieuws van de Dag*, destijds de Amsterdamse dochter van *De Telegraaf.* Kuijpers introduceerde hem in 't vak, hoofdredacteur Peter Wijnans werd bij vlagen gek van de ex-undercoveragent. Peter wilde de Amsterdamse misdaadverhalen exclusief voor *Het Nieuws van de Dag*, John wilde groeien en dus ook met zijn naam in *De Telegraaf.*

Amsterdamse discokoeriers – jochies die in discotheken werden geronseld om vanuit Curaçao drugs te smokkelen naar Nederland – waren *hot.* Eerst vakantie vieren in de Caribbean, daarna bolletjes slikken. 'Mooi onderwerp' zei Van den Heuvel tegen Kuijpers en ze aasden op een reisje naar de Antillen. Hoefden ze bij Wijnants niet mee aan te komen ('Stadsverslaggevers horen in Amsterdam'), dus John stapte naar Eef Bos, lid van *De Telegraaf*-hoofdredactie. 'Ga maar', zei Bos. Zo ging dat toen op die anarchistische redactie. Weinig hokjes, weinig regels, maar alles wat je deed moest goed zijn voor de krant.

Het drugsspoor bracht hen ook diep de Bijlmer in. Ze stuitten op Ghanese bendes. Om het politie-onderzoek niet kapot te maken, wachtten ze even met publiceren. Ze reisden naar Afrika, bleven spitten en kwamen met een alleraardigste primeur: *Ghanese drugsbende opgerold*. 'Het stikt in de Bijlmer van de illegale Ghanezen', zei Eric Nordholt als hoofdcommissaris van de Amsterdamse politie. Hoofdredacteur Hans de Haas riep de verslaggevers in zijn glazen hok. 'Dit is journalistiek van topniveau, gaan jullie maar met jullie vrouwen op kosten van de krant een hapje eten.' Ze kozen voor spareribs bij *Sluizer* in de Utrechtsestraat.

Later werkte Van den Heuvel op de reportageredactie van *De Telegraaf* nauw samen met Joost de Haas – De Hakkelaar, de IRT-affaire – en nog weer later (2006) werd Bert Huisjes zijn partner, omdat tv-optredens steeds meer tijd gingen opslokken. Naast Boulevard was er z'n eigen *Bureau Misdaad*, *Bureau van den Heuvel* en *Das Je Goed Recht*.

Met Huisjes reisde hij naar Turkije, op zoek naar de schuilplaats van de Duits-Turkse crimineel Saban Baran, in Nederland veroordeeld voor poging tot moord en vrouwenhandel. Baran ontsnapte naar zijn moederland toen hij van het Arnhemse gerechtshof een week verlof kreeg om naar zijn vrouw en pasgeboren baby te gaan. Huisjes en Van den Heuvel kwamen op zoek naar de vrouwenhandelaar in een Turkse discotheek terecht. In een oogwenk stond er een kring van handlangers van Baran om hen en de ingehuurde gids heen. 'Dit gaat helemaal verkeerd aflopen', mompelde de gids. De mannen werden steeds agressiever en er kwamen er steeds meer bij. Van den Heuvel besefte dat alleen een grove leugen hun zou kunnen redden.

'We zijn Nederlandse journalisten en we willen in dit verhaal ook graag de kant van Saban horen', begon de misdaadverslaggever nog redelijk waarheidsgetrouw. 'Daar hebben we best wat voor over', voegde hij er iets minder eerlijk aan toe. 'Als Saban zijn verhaal wil vertellen, valt er met ons te praten over een ruime financiële vergoeding. We hebben op dat gebied carte blanche gekregen van de hoofdredactie.' Een leugen om het vege lijf te redden. 'We zitten in hotel X en wachten op een berichtje van jullie. Als Saban wil, kunnen we daar vanavond nog zaken doen.' De stemming sloeg subiet om. De mannen roken *business*, er kwam een fles Turkse drank op tafel, ze waren plotsklaps de beste vrienden. 'We wachten op onze hotelkamer', zei Van den Heuvel na de laatste slok. Met gierende banden reden ze naar het vliegveld.

Het was de tijd van Willem Holleeder en Joran van der Sloot. Bert en John werden maatjes. Ze maakten boeken over Holleeder – met 200.000 verkochte exemplaren een bestseller – over Van der Sloot, criminele ontvoeringen en spijtoptant Angelo Dias, die als ex-*Hells Angel* met justitie ging samenwerken. Een duo zijn was aangenaam, maar ook veiliger. Je kon elkaar scherp houden en vaak letterlijk rugdekking geven. Toch werd hij – vanwege zijn tv-werk – door sommigen op de redactie van *De Telegraaf* gezien als een individualist. 'Jij bent met je eigen BV'tje bezig', zei Thomas Lepeltak, destijds Stan Huygens van de pagina Journaal. Van den Heuvel dacht: waar heeft die man het over? Hij is zich altijd Telegraaf-verslaggever blijven voelen en – daar is hij van overtuigd – die loyaliteit heeft hem aan de Basisweg veel journalistieke speelruimte gegeven.

Hij kwam Mick van Wely tegen in Drenthe tijdens een lezing over criminaliteit. Van Wely werkte bij het Dagblad van het Noorden. Enthousiaste jongen. Van den Heuvel ging hem een beetje volgen, zag dat hij ook een screentest ging doen bij Boulevard en loodste hem binnen bij *De Telegraaf*. Zelf was hij in die dagen (2016) nog gefocust op Holleeder en het Passageproces, Mick zag al scherp de opkomst van de Mocro-maffia. Twee collega's op twee sporen. Toen Martin Kok in december van dat jaar werd vermoord, zei Van den Heuvel: 'We moeten de krachten bundelen, het wordt te heftig'. Als team gingen ze verder en toen was daar eind 2017 die mededeling: je staat bovenaan de dodenlijst van de Mocro-maffia. Er kwam ook extra beveiliging in het huis van Mick van Wely. Hij gaf geen krimp. Die jongen heeft een ruggengraat als staaldraad, constateerde Van den Heuvel. Hij maakte zich zorgen over zijn jongere collega. Dacht: als ze mij niet kunnen pakken, dan pakken ze hem. Ze spraken erover, maar Mick bleef solidair. Waar anderen een stapje terug zouden hebben gedaan, bleef hij staan. Nooit zei hij: zullen we een tandje minder doen, want het wordt me te link. Ze bleven met hun tweeën in de frontlinie, ook toen het werk door de beveiliging een stuk lastiger werd. Afspraken maken werd moeilijk, ze kregen tips waar geen primeurs uit rolden: *kijk uit, want jullie worden in de val gelokt*. De tijd van grenzeloze naïviteit – 'er gebeurt ons toch niets' – was definitief voorbij. Alles moest tot in den treure worden voorbereid, alles stond in het teken van de veiligheid.

En nu is er in het studiootje van de krant dit hart onder de riem, omdat ze bedreigd worden. In zijn dankwoord zegt Van den Heuvel: 'Ik denk dat ik namens Mick spreek... We voelen ons absoluut geen helden. Ik vind dit gebaar wel hartverwarmend.'

Een week later wordt Mick van Wely tijdelijk op non actief gezet vanwege een beschuldiging van grensoverschrijdend gedrag. Van den Heuvel voelt zich ongemakkelijk, vooral ook door de snelle conclusies die worden getrokken. De gedachte aan een paar dagen eerder, toen Van Wely nog met hem op het schild werd gehesen, maakt hem ook cynisch. Zo betrekkelijk is 't dus allemaal. Voor de buitenwereld geeft hij een korte verklaring: 'Ik ben diep teleurgesteld en denk in de eerste plaats aan de collega's die hiermee zijn geconfronteerd. Verder zit ik net als veel collega's met de nodige vragen, nadat ik zeer onlangs summier op de hoogte ben gesteld. Mick en ik hebben de afgelopen jaren veel meegemaakt en stonden soms onder extreme druk. Als gevolg van ernstige bedreigingen en beveiligingsmaatregelen. Ik wil Mick daarom nu niet laten vallen, maar mijn samenwerking met hem wordt de komende tijd opgeschort. Dat is verdrietig, maar het is onder deze omstandigheden helaas onvermijdelijk.'

Later die dag pakt hij in de rust van zijn huis de speciale krant, geheel gewijd aan de onverschrokken misdaadverslaggevers van *De Telegraaf*. Hij leest een stukje van een collega.

Ieder mens met vingers kan stukjes tikken. De kunst is om die stukjes zo boeiend te maken dat mensen ze willen lezen. De meeste journalisten krijgen op die missie – naast complimenten – hooguit een paar boze reacties. Mannen als John van den Heuvel en Mick van Wely worden vanwege hun pennenvruchten bedreigd. Ze blijven tikken. De helden.

Ondanks zijn sombere bui verschijnt rond z'n lippen een flauwe glimlach.

25

BEVEILIGDE BEGRAFENISSEN

Het is 24 februari 2022 als hij zich thuis in een lege woonkamer eens te meer realiseert hoe klein de gevoelsruimte kan zijn tussen een lauwerkrans en een rouwkrans. Een paar weken geleden nog zo'n beetje eeuwige roem toegezwaaid gekregen op de redactie, nu wachtend op een telefoontje dat de dood kan melden. Mariëtte waakt bij haar vader, getroffen door Alzheimer z'n laatste dagen slijtend in een verzorgingstehuis. Ze zagen hem steeds verder afglijden. Zo diep dat ze de dood langzaam maar zeker als verlossing van het lijden waren gaan zien. Geestelijk was de familie hem al gedeeltelijk kwijt, voor Mariëttes moeder werd het steeds zwaarder om naar het verzorgingstehuis te gaan. Een weekje samen-weg van John en Mariëtte was uitgesteld omdat de situatie snel verslechterde. En nu is zijn dochter bij hem en gaat de telefoon. 'Pa is dood', hoort hij. De woorden die hij verwacht te horen en toch is er verwarring, want het is niet de stem van Mariëtte, maar van zijn stiefbroer.

'Hoezo, pa is dood?'

'Ik heb hem net gevonden, hij ligt dood in bed.'

Z'n stiefvader had een zwakke gezondheid, was 86. Het einde kwam niet echt onverwacht, maar op dit moment – wachtend op dat andere telefoontje – wel als een schok. Vooral ook omdat z'n stiefbroer overstuur is. John van den Heuvel moet zo snel mogelijk naar Eindhoven – waar z'n zoons toevallig al zijn voor een cursus – en belt de DKDB. Hij krijgt een teamchef aan de lijn.

'Ik moet naar m'n vader.'

'Dat kan nu niet, want we moeten eerst een team formeren en er moet voorverkenning worden gedaan.'

'Maar ik moet nú naar Eindhoven. Ik ga hier niet zitten wachten.'

Er volgt weer een compromis. John stapt in zijn eigen zwaar beveiligde auto, rijdt naar Utrecht, wordt daar opgevangen door een vanuit Den Haag gestuurd DKDB-team, dat hem vandaar escorteert. Op verzoek van zijn stiefvader is de crematie in besloten kring. Z'n zoon wil een grote plechtigheid om familie, vrienden en kennissen de gelegenheid te geven afscheid te nemen, maar de begrafenisondernemer toont een stapeltje handgeschreven briefjes. Tot achter de komma heeft pa z'n crematie geregeld. 'Zó wil hij het hebben', zegt de uitvaartspecialist. Geen rouwstoet, rechtstreeks naar het rouwcentrum. Alles prima te overzien, dus een eenvoudige klus voor de beveiligers van de DKDB. Het is een mooie dag, een waardig afscheid. Intiem. 'Hij heeft helemaal gelijk', zegt John tegen z'n vrouw. 'Waar is al die poespas eigenlijk voor nodig?'

Na de plechtigheid op maandag denken Mariëtte en hij even op adem te kunnen komen, maar op dinsdagmorgen gaat in alle vroegte de telefoon. Schoonmoeder. 'Pa is overleden.' Op haar verzoek gaat de kist van het verzorgingscentrum langs het huis waar ze zoveel jaren samen hebben gewoond, om daar afscheid te nemen van de buurt. Van den Heuvel overlegde er over met de DKDB. Een begrafenis is een ideaal doelwit – want vooraf breed uitgemeten aangekondigd – dus de misdaadverslaggever rijdt in een gepantserde auto achter de rouwstoet aan. Bij de kerk ziet hij de mannen-met-de-oortjes staan. Altijd weer een gênant moment. Alles moet op zo'n dag in het teken staan van de overledene en dan is – door de beveiliging – toch ook veel aandacht op hem gericht. Prettig is anders.

Hetzelfde ongemakkelijke gevoel heeft hij een paar maanden later bij de uitvaart van Willibrord Frequin. Nabestaanden die op zo'n dag lastig worden gevallen door allerlei veiligheidsrestricties, omdat híj beveiligd moet worden. Hij heeft vooraf met de familie gebeld. 'Ik heb er alle begrip voor als jullie zeggen: we hebben liever dat je niet komt', zei hij. 'Want ik kom niet alleen, er moeten altijd dingen worden geregeld.' Maar ze wilden wel dat hij kwam en dus is hij er. Hij kijkt om zich heen, ziet de mannen en vrouwen die voor hem zo onopvallend mogelijk aan het werk zijn. Het geeft hem een dankbaar gevoel. Hij moppert wel eens op de DKDB als hij zich weer eens precies aan de agenda moet houden. Maar als je wordt geraakt in je persoonlijke leven doet de beveiliging er alles aan om je te steunen. Discreet, prudent en met medeleven.

26

COLLEGIALITEIT TOT DE VOORDEUR

Bestaat er in de misdaadjournalistiek zoiets als collegialiteit, John?

'Daar moet je je niet te veel bij voorstellen, solidariteit is vaak ver te zoeken. De totaal verschillende reacties op de dood van Derk Wiersum en op de liquidatie van Peter R. de Vries... Schrijnend. Het complete wereldje van de rechtspraak was door de dood van advocaat Wiersum in shock. Er kwamen herdenkingen, er was een stiltemoment bij de rechtbank. Dat gevoel van solidariteit was bij de dood van Peter veel kleiner. Sterker nog, ik heb collega's horen zeggen: *hij zocht het ook zelf op*. Je zou toch mogen verwachten dat misdaadverslaggevers in zo'n situatie één front vormen, maar daar is nooit sprake van geweest. Integendeel. Een enkeling die zelf met bedreigingen te maken heeft gehad toont iets van begrip voor wat bijvoorbeeld Mick en ik doormaken. Maar voor de meesten bestaat het begrip solidariteit niet. Zij werken je eerder tegen dan dat ze je het gevoel geven: we vormen samen één front. Ze worden vaak een soort spreekbuis van advocaten. Zodra het moeilijk wordt, kun je saamhorigheid in de misdaadjournalistiek vergeten.'

Klinkt treurig.

'Je hebt een paar positieve uitzonderingen. Bij m'n eigen krant. Bij RTL. En van de Nederlandse Vereniging voor Journalisten, de NVJ, kreeg ik in ieder geval in morele zin steun. Na de moord op Peter was er contact. En bij die affaire met afluisterapparatuur onder de tafel waaraan ik met een tipgever zat te praten hebben ze mij eveneens geholpen. Toen Paul Vugts van Het Parool ook werd beveiligd waren we lotgenoten. 't Veranderde de werkrelatie, maar toen hij niet langer bewaking nodig had vervaagde dat ook weer.'

Verwijt jij jezelf iets?

'Misschien verwacht ik er te veel van. Je bent als journalist natuurlijk wel behoorlijk autonoom. Misschien zie ik het te idealistisch, maar ik vind dat je als misdaadjournalist niet alleen verslag doet, maar soms ook stelling moet nemen. We maken voor videoland de serie *Jacht op de Mocromaffia*. In het eerste deel durfden nog collega's hun nek uit te steken en zaken te benoemen, maar nu zie je dat ze vooral omtrekkende bewegingen maken. Krijg je reacties als: 'Ja, maar ik ga nu lekker op m'n fiets naar m'n werk en dat wil ik graag blijven doen.'

Niet iedereen is gelijk.

'Ik begrijp dat ze niet in eenzelfde situatie als ik terecht willen komen, maar er is ook nog een tussenweg. Vaak wordt er laf meegekletst met de verdedigers van de criminelen. Vraag ik 'hoe kun je die advocaat zo'n podium geven?', krijg ik als reactie: 'Ja maar John, het is toch gewoon één groot spél.' Dan denk ik: je bent niet goed bij je hoofd. Je hebt geen idee wat er gaande is. Advocaten zijn met woorden criminaliteit aan het witwassen, krijgen kritiekloos een podium en als ik daar wat van zeg is het: *ach, het hoort toch bij het spelletje*. De spoeling van collega's met ballen is flinterdun. Peter R. de Vries heeft 't – omdat hij geen beveiliging wilde – met z'n leven bekocht, maar hij stond wel ergens voor. Zo'n type kom je in het vak nog weinig tegen. Als er ongevaarlijke onderwerpen zijn te maken, staan collega's – ook op m'n eigen redactie – te trappelen om te scoren met misdaad, maar als het een beetje linker wordt haken ze subiet af. Als een jongetje wordt vermoord, zie ik opeens uit alle hoeken en gaten 'misdaadverslaggevers' opduiken. Maar als het een beetje linker wordt, geven ze niet thuis. Want ze willen wel graag op de fiets naar hun werk kunnen gaan.'

Wel de lusten, niet de lasten?

'Als je voor dit vak kiest en je noemt jezelf misdaadverslaggever, moet je stevig in je schoenen staan en niet bij het eerste de beste zuchtje tegenwind de luiken laten zakken. Ik heb er profijt van dat ik als agent en later als undercover bij de politie hebt gewerkt. Als je in een surveillancewagen rijdt en er komt een melding binnen van een massale vechtpartij in een café, kun je niet zeggen: we rijden wel even twee rondjes om totdat de rust is weergekeerd. Ook bij de politie werkten types die zeiden *rustig aan, even niet mee bemoeien*. Maar ik heb toch liever *als het moeilijk wordt, doen we een stap naar voren*. Als je misdaadverslaggever wilt zijn, moet je de ballen hebben om naar voren te stappen en dingen te benoemen.'

Hoe zit het met elkaar dekken als het moeilijk wordt?

'Dat is bij de politie gebruikelijk, maar in de misdaadjournalistiek totaal niet aan de orde. Ze halen je zonder blikken of blozen onderuit. Het beste voorbeeld daarvan is Bas van Hout. Die was bij het proces tegen de moordverdachten in de zaak van Peter R. de Vries. Collega Kees van der Spek vroeg hem: 'Hé Bas, wat kom jij hier doen? Van Hout antwoordde: 'Ik ga John van den Heuvel kapot maken'. Ik werd gebeld door Van der Spek. Hij zei: 'Wat heb jij met Bas van Hout?' Er speelt kennelijk wat bij hem. Ik weet dat hij brieven schrijft aan Willem Holleeder. Je hebt ook nog de categorie die zich bewust voor het karretje van criminelen laat spannen. En de groep die dusdanig klem komt te zitten dat ze niets anders kan dan meewerken met misdadigers. Ik heb nooit klem gezeten en dat is lekker. Ik voel me totaal onafhankelijk.

Je zit wel constant in de gevarenzone.

'De ene keer krijg ik het verwijt dat ik te dicht tegen de criminelen aanschurk, de andere keer dat ik spreekbuis ben van politie en Openbaar Ministerie. Denk ik: doe ik 't toch goed. Ik kom niet klem te zitten, omdat ik me niet laat intimideren en redelijk goed aanvoel waar de gevaren zitten. Ik ben geen Dominique Weesie, de baas van omroep Powned. Mick en ik hadden veel verhalen geschreven over de gevaren van motorbendes. Over Henk Kuipers, president van *No Surrender*, die opdook in afpersingsonderzoeken. Komt Weesie met een serie over Captain Henk, die werd neergezet als een vriendelijke oppas-opa. We kwamen er achter dat Kuipers zelfs werd betaald door Dominique Weesie voor zijn optreden in die serie. Het was onderwereldpromotie in optima forma. Reclame voor Henk Kuipers, die mij volgens een weggestuurd lid van zijn motorbende op een dodenlijst heeft gezet. Op z'n minst was het uitermate naïef wat Weesie deed. En oncollegiaal. Hij zat bij *Jinek* aan tafel. 'Hoe kun jij een figuur betalen die John van den Heuvel bedreigt?', vroeg Eva. 'Ja maar', zei

Weesie, 'John zit ook wel heel erg op de bagagedrager van politie en OM.' Hij zei ook nog dat het geld voor Kuipers niet van de belastingbetalers kwam, maar van de leden van Powned. Alsof dat minder erg is.'

Willem Holleeder kreeg een column in Nieuwe Revu.

'Daar heb ik me ook over verbaasd. De hoofdredacteur heeft achteraf wel spijt betuigd. Tussen 2012 en 2014 werd Holleeder als troetelcrimineel op het schild gehesen, terwijl hij in die periode volop bezig was om zijn macht in de onderwereld terug te krijgen. Z'n eerste columns in Nieuwe Revu gingen bijna allemaal over mij. Hij kreeg een podium om naar mij te schoppen. Ik had Bas van Hout verteld dat mijn biologische vader een Marokkaan is. Werd via Holleeder naar buiten gebracht. Alsof dat een onthulling was die mij de kop kon kosten. Ze noemden me 'de Marokkaan'. Hilarisch eigenlijk. Ik heb er nooit problemen mee gehad. Op het advocatenkantoor van Nico Meijering hebben ze me een tijdje Sjonnie genoemd. Om me te kleineren. Moet ik alleen maar om lachen.'

27

EEN AVONDJE PSV

De man die leeft met de dreiging van criminelen die hem dood willen hebben en daar doorgaans tamelijk stoïcijns onder blijft, wordt onrustig als PSV moet voetballen. Op deze aangename lentedag lonkt een plekje in de halve finale van de *Conference League*; alleen nog even het Engelse Leicester verslaan. Uren voor de aftrap stuurt hij een whatsappje. Een foto van zichzelf in een rood/wit gestreept shirt van de Eindhovense club, de vuisten strijdbaar gebald. Om eronder met een paar woorden de euforie van de chronisch optimistische fan weer enigszins te temperen. 'Ja, lekker ouderwets Europacupgevoel, alleen zijn Madueke en Boscagli geblesseerd, verdorie.'

Hij waant zich – verzekert hij later in de gepantserde auto op weg naar Brabant – tijdens zo'n lange dag de prille tiener die voor één gulden vijftig een kaartje kocht voor de jongenstribune aan de lange zijde van het stadion. En die soms ook het hek achter het Philips Ontspanningscentrum over klom om gratis naar binnen te kunnen. *Glippen*, heet dat. Bijna een halve eeuw later zijn er op gezette tijden spanningen van een iets ander kaliber. Tijdje geleden nog: door de politie afgeluisterde gesprekken uit het criminele circuit die weer even tot extra voorzichtigheid aansporen.

Veel fragmenten over de gang van zaken rond *RTL Boulevard*, maar ook dat ene over zijn favoriete club.

Die kale komt toch regelmatig bij PSV? Waar zit-ie dan? Kennen we geen mensen bij de club die ons informatie kunnen geven?

Het leidde er toe dat zijn geliefde – in de schoot van een Eindhovense volkswijk verscholen – voetbaltempel voor John van den Heuvel zo'n beetje de veiligste plek op aarde werd. 'Ik dacht wel even: Jezus, zijn ze nu ook al zo gek om dáár wat te willen doen?', zegt hij als tussen Utrecht en Den Bosch de eerste file opduikt. 'Het geeft wel aan hoe er wordt gejaagd, maar de kans dat er wat gebeurt is nihil.' Dat is een aangename gedachte voor een voetballiefhebber die even een paar uur ongedwongen wil genieten van het spel en de entourage van de belangrijkste bijzaak op aarde. Zeker als de persoonsbeveiliging in propvol Nederland op zo'n dag ook nog een prettige bijkomstigheid blijkt te hebben. Omdat stilstaan op vier wielen niet echt een optie is in geval van extreem strenge bewaking verschijnt op de vluchtstrook naast de bolide van John van den Heuvel een tweede gepantserde wagen met sirene en zwaailicht. Aanpikken en doorrijden, luidt het devies dat vertraging voorkomt.

De man om wie in dit decor alles draait pakt z'n mobiel en beantwoordt ontspannen een mailtje. Twee was hij toen z'n moeder en z'n stiefvader van Amsterdam verhuisden naar Brabant. Een half jaar woonden ze in bij oma, daarna verhuisden ze naar de Eindhovense volkswijk Stratum, waar hij de hardheid van de straat leerde kennen. Hij voetbalde bij die andere club in de stad, Eindhoven. De ene keer links-, de andere keer rechtsback, met meer dadendrang dan talent. Schoolkameraad Pascal Maas – later een levende legende bij de club – haalde hem het blauw/witte kamp binnen. Complete veldslagen werden uitgevochten met het rood/witte kamp van PSV, want de clubs waren als water en vuur. De beperkte voetballer Van den Heuvel las in een interview dat de boomlange verdediger Barry Hulshoff door Ajax was gescout toen hij in het vijfde elftal van de B'tjes speelde, dus er gloorde nog hoop. Hij bracht kranten rond en nam andere baantjes aan om toch vooral maar de duurste voetbalschoenen en bijpassende attributen te kunnen kopen, als compensatie voor zijn onkunde op het veld.

'Ik zag er op het veld uit als Willy van der Kuijlen in z'n beste dagen, maar dan wel zonder zijn vernietigende schot.' Eindhoven zakte steeds verder weg in het moeras van het betaald voetbal, Van den Heuvel raakte de club een beetje kwijt. Met schoolkameraad Ton Scheepers – wiens broer Willy in die tijd nog 17 wedstrijden in het eerste speelde – ging hij steeds vaker naar PSV. Het was de tijd van sparen voor een brommer, uitgaan en genieten van een legendarisch elftal met de Van de Kerkhofjes, Van der Kuijlen, de Zweedse spits Ralf Edström, Pleun Strik en Jan van Beveren in het doel. Supporters van beide clubs zaten door elkaar in het stadion, dus dat werd regelmatig matten. Vond-ie heerlijk. Niet zozeer om zelf mee te doen, maar meer voor het spanningsveld. Het dreigende sfeertje werkte als een magneet. Kwamen de treinen met uit-supporters aan in het station van Eindhoven, stonden de kereltjes van PSV bij de Bijenkorf klaar om hen te bekogelen. Behalve de fans van Ajax en Feyenoord, want die waren met zovéél. Er rolde een golf van 1.500 jongens en mannen uit de treinen en daar kon je beter niet de confrontatie mee aangaan.

'Daar viel niet tegenop te knokken voor veertig jochies uit Eindhoven.'

Z'n mobiel geeft voor de zoveelste keer geluid. Dit keer niet een berichtje van een boze advocaat of een tipgever, maar van Jaap de Groot, voormalige chef sport van *De Telegraaf*, die ook wordt verwacht in de Legends Lounge.

Ik sta hopeloos vast in de file.

Van den Heuvel grijnst. Hij heeft vaak over deze weg moeten rijden, sinds hij bij de politie ging werken in Amsterdam. Agent worden, maar dan wel alleen in de hoofdstad, de plek waar het gebeurde. De krakersrellen, tumult, altijd wat te beleven voor een gezagsdrager.

'Ik sprak als beginnend politieman nog plat Brabants, maar dat heb ik snel afgeleerd', zegt hij. 'Het is niet handig om een Amsterdammer die door rood fietst aan te spreken met een zachte g.' De sirene loeit weer, als teken dat de vierde file van het ritje wordt omzeild. Het PSV-stadion gloort in de verte.

'M'n stiefvader was m'n laatste link met de stad Eindhoven', zegt John. 'Ik zal er dus minder vaak komen. Alleen nog voor het voetbal.' Hij heeft vol overgave geprobeerd om z'n zoons net zo gek te krijgen voor de club als hij is. De missie is slechts voor een deel geslaagd: de oudste is voor Ajax. Spelen de twee clubs tegen elkaar, dan is er in huize Van den Heuvel sprake van gewapende vrede.

Hij reed – met een seizoenkaart in de binnenzak – om de week anoniem van het westen naar Eindhoven. Totdat hij als *rising star* in de misdaadverslaggeving zelf werd geïnterviewd en zijn liefde voor de Philips Sport Vereniging liet blijken. Toenmalige perschef Pedro Salazar las het artikel en belde: 'Wil je een keer komen als onze gast'.

'Ik zo trots als een aap natuurlijk.'

Het klikte en sindsdien ligt er altijd een kaart voor hem klaar. Pas de laatste paar jaren speelt z'n beveiliging een rol. PSV heeft een eigen bewakingsteam, met aan het hoofd *senior safety & security officer* Marc van de Laar. De misdaadverslaggever leerde hem kennen tijdens een editie van PSV-Ajax. Na de wedstrijd ging hij met één van z'n zoons nog wat drinken in de bestuurskamer en toen ze weg wilden gaan, bleek de jas van junior gepikt te zijn. Een dure van het merk *Canada Goose*, gekocht met z'n eigen geld. 'Balen natuurlijk, maar je doet er niks aan', zei Van der Heuvel. Daar dacht de *senior safety & security officer* anders over. 'Wat een blamage', zei hij. 'Ik ga ermee aan de slag.' Een paar dagen later belde hij John. Hij had alle beelden van de bewakingscamera's bekeken en stuurde een foto van de dader, druk bezig om de gejatte jas over die van hemzelf aan te trekken.

'Ik vertelde dat verhaal de volgende dag voor de uitzending in de studio van *RTL Boulevard* en Albert Verlinde zei: 'O, die foto laten we groot zien'. Ik antwoordde 'nou, dat lijkt me niet zo'n goed idee', maar de camera's draaiden nog niet of Albert vroeg 'John, jij hebt toch wat meegemaakt in het PSV-stadion' en meteen verscheen die plaat in beeld. De uitzending was net afgelopen toen die gozer al aan de lijn hing. De jas kwam terug.'

Zo'n speurtocht naar een waardevol kledingstuk is klein bier vergeleken met wat beveiligers tegenwoordig met de misdaadverslaggever te stellen hebben. Hij heeft er nooit iemand van PSV over horen klagen. De club had kunnen zeggen: 'Het is gezien de omstandigheden beter dat je voorlopig weg blijft', maar deed het niet.

'Integendeel. Ze doen er alles aan om me te beschermen. Het is een warme club. Ondanks de professionaliteit aanzienlijk minder zakelijk dan Ajax en Feyenoord. PSV heeft iets Bourgondisch. Ik voel me er thuis, dat is het belangrijkst.' Marc van de Laar heeft hem gevraagd om een lezinkje te houden voor de voetballers, over beveiliging en het beschermen van je waardevolle spullen. *Loop niet te koop met je dure horloge.* Dat soort dingen. De twee overvallen in het huis van spits Zahavi zullen wel de aanleiding voor het verzoek zijn geweest. 'Ik heb voor de zekerheid toch even aan doelman Drommel gevraagd of de spelers zelf behoefte hebben aan zo'n praatje, want ik wil me niet opdringen.' De reactie die Van der Heuvel kreeg, stelde hem gerust. Het vertrouwen dat ze tot in de schoot van de club in hem hebben geeft hem een warm gevoel.

Z'n vriend en ras-Ajacied John Heitinga heeft geprobeerd om hem te bekeren. Ze kwamen elkaar voor het eerst tegen toen Heitinga in Eindhoven naar vleugelspits Boudewijn Zenden kwam kijken. Pedro Salazar zette hen naast elkaar op de tribune en na de wedstrijd zei de ex-voetballer: 'Ik neem jou mee naar Ajax en dan weet ik zeker dat jij fan van de club wordt.' Dat is niet gebeurd, maar Van den Heuvel ging wel met z'n zoons naar Atletico Madrid toen Heitinga daar speelde. En later naar Everton in Liverpool. En naar Hertha Berlin. Voor de kampioenswedstrijd PSV-Ajax – in het eerste seizoen van Erik ten Hag in Amsterdam – reden ze samen naar Eindhoven. PSV stelde de titel die dag veilig. Op de terugweg belde Heitinga met Sjaak Swart en Van den Heuvel kon meeluisteren. 'Hoe de oude Sjaak tekeer ging tegen de scheidsrechter en over het verschrikkelijke onrecht dat Ajax was aangedaan. Puur genieten.'

Hij toont foto's op z'n mobiel. De misdaadverslaggever tussen voetballers en met Peter R. de Vries. De sirene gaat weer aan. Het voelt als een *wake-up call*: o ja, verrek, de beveiliging.

'Nee', zegt hij stellig, 'ik ben door alle gedoe geen vrienden kwijtgeraakt. Eigenlijk integendeel: er zijn hartverwarmende reacties binnengekomen.'

Telefoontjes, berichtjes. En een bekende Nederlander die z'n tweede huis in Spanje ter beschikking stelde. 'Hij zei: Als je je klote voelt… Als je even weg wilt. Niemand ziet je daar. Het ligt afgelegen.'

'Die warmte staat in zo'n schril contrast met wat mijn vrouw meemaakt op de school waar ze dertig jaar als leerkracht heeft gewerkt en waar ze nu weg moet, omdat de leiding laf in haar schulp kruipt. Dat zit me nog altijd heel hoog.'

De bolide draait het parkeerterrein voor het stadion op en stopt pal voor de *Legends Lounge*. Van den Heuvel wordt via een halletje naar de lift geleid en stapt uit in een luxe ruimte, waar de tafels al zijn gedekt voor een viergangendiner. Achter de ramen wacht een onberispelijke grasmat op twintig voetballers en twee doelmannen. Hoe gaat dat normaal in geval van een avondwedstrijd op Europees niveau? Minstens twee uur vroeger van huis gaan vanwege te verwachten verkeersellende, gedoe met parkeren, wachten in een rij, door een handvol controles. Het blijft John van den Heuvel allemaal bespaard, onder het Cruijffiaanse motto: ieder nadeel – hoe omvangrijk ook – heeft z'n voordeel.

Frank van Gool – de grote baas van internationaal arbeidsbemiddelingsbedrijf *OTTO Work Force* – staat hem al op te wachten. De zakenman ontmoette de misdaadverslaggever voor het eerst in de *Champions League*-lounge van de ArenA en sprak: 'Dit ga ik in Eindhoven overtreffen.' Hij schoot directeur Toon Gerbrands aan. 'Als die Amsterdammers meer sterren op het veld hebben, moeten wij ervoor zorgen dat we in onze Legends-lounge met meer sterren gaan koken.' Hij trok participanten uit het bedrijfsleven aan – die tafels kunnen boeken voor hun relaties – en maakte afspraken met vermaarde chef-koks van o.m. *De Lindenhof* en

Okura. Deze avond in april is Bart Klomp van *Noble* in Den Bosch aan de beurt. 'Vijfenveertig jaar geleden stond ik hier pal onder op de jongenstribune met een vette worst in m'n handen', zegt Van den Heuvel, kijkend naar z'n voorgerecht met zeeduivel, asperge, hazelnoot en peterselie. 'Het heeft allebei z'n charme. Ik vind het nog steeds leuk om af te wisselen. De ene keer de luxe van een vip-lounge, de andere keer de meeslepende volkse voetbalsfeer in een vak.'

Van Gool slaat hem op z'n schouder. 'Als John er is, hebben we hier de best beveiligde vip-lounge van Nederland.' Ook de ondernemer heeft gemerkt dat de mensonterende beperkingen waarmee de journalist dagelijks te maken heeft af en toe voordelen opleveren. In zijn vliegtuig vlogen ze naar de ontknoping van het Formule 1-seizoen 2021 in Abu Dhabi. Privétoestellen kregen geen toestemming om ter plekke te landen en moesten uitwijken naar Dubai. 'Maar John mocht vanwege de dreiging van Ridouan Taghi niet landen in dat Golfstaatje, dus kregen we als enigen permissie om de kist in Abu Dhabi aan de grond te zetten.'

Voormalige stofzuiger op het middenveld Willy van de Kerkhof voorspelt dat het tegen die Engelsen van Leicester 1-0 gaat worden. Als het hoofdgerecht (kalfshaas, knolselderij, citroentijm, timut peper) wordt opgediend, is de stoel van Jaap de Groot nog altijd leeg. Files kunnen hardnekkig zijn in Nederland. De Volendammer is nog net op tijd voor een korte voorbeschouwing. Voor de aftrap omhelst John van den Heuvel de oude Willy van de Kerkhof. Kennelijk een Brabants ritueel om geluk af te dwingen. Dat dit keer uitblijft. Als PSV in de extra tijd moet scoren om er een verlenging uit te slepen, schakelt Van den Heuvel op zijn mobiel de stopwatch in. Controleren of er niet gesjoemeld wordt – in dit geval met de extra tijd

– zit diep in zijn genen. ‘Nou ja, we hebben in ieder geval heerlijk gegeten’, zegt Frank van Gool als de uitschakeling een feit is.

Op de terugweg laat John van den Heuvel – via z’n laptop tv-kijkend op de achterbank en nooit op z’n best na een nederlaag – die andere wedstrijd Slavia-Praag-Feyenoord precies drie minuten toe tot zijn netvlies. Dan schakelt hij – ‘kutpartij’ mompelend – door naar *Vandaag Inside* en even later naar *Jinek*, waar rechtbankverslaggeefster Saskia Belleman en misdaadjournalist Paul Vugts praten over de *e-mates*-affaire. De neef van Ridouan Taghi – tevens advocaat – die uren per dag met ’s lands machtigste crimineel kon overleggen en volgens het OM niet alleen over de borrelnootjes op het meest recente familiefeestje. Als hij voor de zoveelste keer op z’n mobiel kijkt of er nieuwe berichten zijn binnengekomen hoort hij hoe zijn naam wordt genoemd in relatie tot Ridouan Taghi. Het PSV-stadion ligt inmiddels 100 kilometer achter hem. De misdaadverslaggever is weer terug in zijn eigen wereld.

28

DE PSYCHOPAAT DIE ZICH GOD WAANT

Is Ridouan Taghi als crimineel geniaal, John?

'Je kunt niet ontkennen dat de man een bepaalde mate van intelligentie heeft, hij is geniaal op zijn eigen vakgebied. Hij paart die intelligentie aan een gewetenloosheid waaruit elke vorm van ratio lijkt te zijn geramd. Een bloeddorstige gek, een psychopaat die denkt dat hij God is. Ik heb sterk het vermoeden dat Taghi voordat hij werd gearresteerd al precies heeft uitgedokterd hoe hij in Vught zijn handel voort kon zetten. Dat hij 't allemaal ver van tevoren allemaal al heeft bedacht. Dat hij tegen z'n mensen heeft gezegd: als ik ooit vast kom te zitten, moeten we het zo en zo doen.'

29

EEN DAGJE IN DE BUNKER

'Sorry voor het ongemak', zegt de beveiliger op de bijrijdersstoel als ze een bivakmuts van haar hoofd trekt na een wilde rit met sirenes en zwaailichten. Met hoge snelheid slalommend langs stapvoets rijdende auto's door het bedrijvencentrum van Osdorp in Amsterdam Nieuw-West, met op iedere hoek zwaar bewapende leden van de Bewakingseenheid. Alsof je in een scène terecht bent gekomen van een oorlogsfilm die zich afspeelt in een troosteloze buitenwijk van een grote stad. Met het plotselinge slot ingeleid door een scherpe bocht naar rechts, waarna de bolide de donkere diepte in duikt van de parkeergarage onder De Bunker. De muts dient om tijdens zo'n ritje onherkenbaar te blijven.

'En nu is Taghi er nog niet eens', zegt John van den Heuvel, wachtend op het teken om uit de auto te mogen stappen. Ridouan Taghi, hoofdverdachte in het Marengo-proces, vanaf 2005 in Marokko gebouwd aan een drugsimperium, dood en verderf gezaaid in Nederland en gearresteerd in Dubai. 'Als hij vanuit de EBI – de Extra Beveiligde Inrichting in Vught – aangevoerd moet worden, lopen hier 800 bewakers rond, hangt er een helikopter met scherpschutter boven De Bunker en worden met behulp van drones de straten afgezocht naar verdachte types. Complete waanzin.

In november 2021 is zelfs overwogen om het leger in te zetten voor de bewaking rond het proces.'

Dit is dus een rustig dagje in en rond de extra beveiligde rechtbank Amsterdam, De Bunker in de volksmond, het epicentrum van de strafzaak tegen Taghi en zijn bende. De misdaadverslaggever wordt een belegen dienstlift in geleid. Boven wacht een detectiepoort waaraan ook hij niet ontkomt. In de ban van de veiligheid is zelfs hij-die-wordt-beveiligd kennelijk een potentiële dreiging.

En dan, als in de steriele witte ruimte voor pers en publiek de rolluiken omhoog gaan en de rechtszaal zich in al haar beklemmende saaiheid ontvouwt, is er die wonderlijke overgang van de hectiek van de straat naar de doodsheid van het voormalige kantoorgebouw. Alsof je van een huiveringwekkende oorlogsfilm zappend terecht bent gekomen in een aflevering van Jiskefets *Debiteuren Crediteuren*. Met meneer Jos en meneer Edgar die hun broodtrommeltjes openen om te zien wat moeders nu weer voor bammetjes heeft gesmeerd als Goedesmorgens-juffrouw-Jannie de koffie komt brengen. Links tegen de wand staat zelfs zo'n grijze dossierkast uit de jaren zeventig waarin je doosjes met BIC-pennen kunt opbergen en bakjes met nietjes. Moeilijk voor te stellen dat voor de start van het proces tegen Willem Holleeder raketten zijn afgevuurd op de voorgevel van dit pand.

Van den Heuvel is hier honderden keren geweest, in dit afschuwelijke gebouw dat een kwart eeuw geleden tijdelijk zou worden ingericht als rechtbank voor het proces van *De Hakkelaar* en nog altijd dienst doet als het allerlelijkste paleis van Vrouwe Justitia. 'Ik ben al lang blij dat ik hier weer kan zitten', zegt hij. Op de zwarte stoeltjes voor pers en publiek, omringd door collega's.

Hij wijst door het kogelvrije glas naar een deurtje links in de rechtszaal. 'Daarachter ergens is een kantoortje. Toen Paul Vugts en ik beiden extreem werden beveiligd, moesten we voordat de zitting begon en tijdens de lunchpauzes of andere onderbrekingen worden 'opgehokt' in die ruimte. Werden we eerst met loeiende sirenes de parkeergarage ingereden. Zagen we de beelden daarvan op een tv-tje in dat hok. Zei de verslaggever: 'En hier ziet u hoe Willem Holleeder naar binnen wordt gereden'. Dat had nog wel iets grappigs en samen in dat hok schiep ook wel een band. Lotgenoten. Gedeelde smart. Maar toen Paul uit de beveiliging ging – omdat zijn bedreiging niet uit de hoek van Ridouan Taghi kwam – zat ik daar alleen tegen die blinde muren aan te kijken.'

Een spotter uit de bende van Taghi krijgt het woord, één van de zeventien verdachten in het Marengo-proces. Hij wil op deze ochtend zowaar wat zeggen – nadat-ie zoals al die andere gedaagden van de Mocro-maffia jarenlang z'n mond heeft gehouden – over *Plato Zeilboot*, *Ster* en *de 140*, deelonderzoeken van liquidaties. Om vervolgens met veel woorden niets te zeggen en zich aansluitend te beroepen op zijn zwijgrecht. Van den Heuvel zucht. Een herhaling van zetten, zo gaat het al sinds het begin van het Marengo-proces op 22 maart 2021. Frustreren van de rechtsgang, optimaal gebruik maken van alle uithoeken van het democratisch stelsel. Advocaten die zich lieten gebruiken als boodschappenjongens en -meisjes en gevoelige informatie lekten bij de verdachten. Of wegliepen tijdens een zitting en daarmee het proces van het laatste schijntje waardigheid beroofden. Van den Heuvel zat erbij en keek ernaar. De man die extreem beveiligd moet worden door de dreiging die wordt toegeschreven aan deze types.

De spotter meldt voor de zoveelste keer dat hij onschuldig is en bijna altijd bij zijn moeder sliep. 'Eigenlijk heb ik ook wel medelijden met zo'n knaap', zegt John. 'Zo jong en je leven volledig verknald. Zichzelf zo verschrikkelijk in de problemen gebracht. Levenslang kunnen krijgen omdat je zo dom was mee te willen draaien in die bende. Dat spookt meer door mijn hoofd dan de gedachte dat zo'n jongen deel uitmaakt van de groep die mij wil vermoorden. Dat hij mij wel eens gespot kan hebben. Ik voel geen haat tegen dit voetvolk.'

Als het rolluik is gezakt ten teken dat een ingelaste pauze is begonnen, loopt Inez Weski met haar gevolg de pers/publieksruimte in. Pal langs Van den Heuvel, die zij als advocaat van Ridouan Taghi een paar dagen eerder nog dat tamelijk dreigende mailtje heeft gestuurd over de vermeende onjuiste berichtgeving van de journalist. Hij schreef wat het OM had verklaard: Taghi kon vanuit de gevangenis in Vught ongecontroleerde berichten naar buiten krijgen. En dat wilde mevrouw Weski dus gerectificeerd zien.

'Ik ga hier zitten', zegt de advocaat, de journalist strak aankijkend.

'Wilt u dat ik wegga?', pareert hij.

'Nee hoor, blijf gerust zitten, ik kan heel goed luisteren.'

Van den Heuvel, doelend op de recente hartaanval van de raadsvrouw: 'Hoe gaat het trouwens met u? Ik hoor hele vervelende berichten.'

'Die berichten kloppen. Ik had hier zomaar niet meer kunnen zijn. Ja, er is ook nog zoiets als de waarde van fysieke gesteldheid.'

De advocaat en de journalist, zakelijk vaak lijnrecht tegenover elkaar, maar in de bubbel van de rechtspraak toch vooral mens.

En dat humane heeft Van den Heuvel door de jaren heen zien wegdrijven uit de zittingen in De Bunker. 'Dan kijk ik naar die leden van de

Mocro-maffia en denk ik: je moet toch heel goed zoeken om daar nog iets menselijks in te ontdekken. Zonder de polderpenose te romantiseren – dat is wel het laatste wat ik wil – maar die jongens kwam je gewoon tegen op het strand van Zandvoort. Met Willem Holleeder kon je voordat de zitting begon hier in De Bunker een praatje maken. Ook door die drama's met zijn zussen kwamen er extra gevoelens in zijn zaak. Afschuwelijke verhalen, vreselijke misdaden, maar er klopte in ieder geval een hart in. Dat fascineerde me. Deze Marengo-zaak doet me eigenlijk helemaal niets. De arrogantie van die bendeleden met hun alles vernietigende kamikaze-acties. De gevoelloosheid. Ik heb uren naar vijftien ruggen zitten kijken, er is niks boeiends aan. Voor mij persoonlijk komt dit Marengo-proces van alle grote zaken die ik heb gevolgd op de allerlaatste plaats.'

Als de zitting is hervat draait de repeteerwekker nog een rondje met de klok mee. Mohamed el A. één van de verdachten in de moordzaak van Ranko Sekic, wil – zegt hij tegen de rechters – hartstikke graag de waarheid en niets dan de waarheid vertellen, maar dan wel zonder andere mensen te belasten. En dus komt er niks noemenswaardigs uit zijn mond. 'Misschien breng ik in de nabije toekomst nog wel iets naar buiten', zegt hij, alsof het hier gaat om een surprise van het soort sinterklaascadeautje. Mohamed el A. zou het Openbaar Ministerie hebben gewaarschuwd voor de moordaanslag op advocaat Derk Wiersum en de ontvoering van drugshandelaar Mohamed H. uit Doorn hebben beëindigd. Maar helemaal geschikt voor de rol van Barmhartige Samaritaan in het bloederig voortslepende feuilleton Marengo is hij niet, getuige door het OM onderschepte berichten. Zomaar een greep.

Aan El A.: *Beste is als we die ranko en chino tegelijk kunnen doen en zelfde dag die broertjes.*

Van El A. (via een Pretty Good Privacy-adres): *Zeg hem is goed. Komt goed! Want 10 juni moeten die honden getuigen en daarvoor moeten ze weg.*

El A. bekende aan de rechtbank dat hij in een whatsappje heeft gesuggereerd om een medemens in *een badje met zoutzuur* te leggen, maar toen – gaf hij als excuus – was hij lichtelijk paranoïde. Vandaag wil hij vooral begripvol overkomen. En kwetsbaar.

Rechter: 'Kunt u daar wat specifieker over zijn?'

El A.: 'Kunt u dan met m'n familie mijn grafsteen gaan uitzoeken?'

Rechter: 'Neemt u even een slokje water.'

El A: 'Nee, mevrouw de rechter, dat gaat niet. Het is Ramadan, ik ben aan het vasten.'

Rechter: 'Wij zijn op zoek naar de waarheid, maar die kunt u niet geven, heb ik de indruk.'

El A: 'U begrijpt mij, mevrouw de rechter.'

John van den Heuvel schudt zijn hoofd. 'En zo reutelt het jaren door, zitting na zitting na zitting. Op alle details wordt uitgebreid ingegaan en de verdachten zeggen constant hetzelfde: *Op verzoek van mijn advocaat beroep ik me op mijn zwijgrecht.* Ik heb medelijden met de verslaggever van het ANP die hier dag in dag uit moet zitten. Denk niet dat de nieuwschefs van *De Telegraaf* blij zullen zijn als ik vandaag met 500 woorden over deze vertoning aan kom.'

Hij verdwijnt even om achter de coulissen een gesprek aan te gaan met één van de aanwezige advocaten. Zo heeft het bezoek aan De Bunker toch nog enig nut. Terug op de achterbank van de DKDB-auto in de parkeergarage onder het gerechtsgebouw herhaalt hij een gevoelige vraag. 'Wat ik zou doen als Ridouan Taghi me in de gevangenis uit zou nodigen voor een interview?' De beveiliger op de bijrijdersstoel doet haar bivakmuts weer op, de wagen slingert zich met hoge snelheid tussen de bedrijfspanden van Osdorp door. 'Natuurlijk zou ik gaan. Zo'n kans op wederhoor moet je als journalist met beide handen aangrijpen.'

'Maar dat er hier iedere keer weer zo'n bizar circus wordt opgetuigd omdat Taghi zo nodig in de rechtbank moet verschijnen... Al die extra mensen die daarvoor moeten worden ingezet... Voor een man die aan z'n neef-de-advocaat heeft verteld dat hij tijdens zo'n ritje van Vught naar Amsterdam wil ontsnappen... Bedenk een systeem dat het mogelijk maakt om het proces voort te zetten als meneer Taghi veilig zit opgeborgen in de gevangenis. Ik wil in Italië gaan kijken hoe ze dat daar doen met de kopstukken van de maffia. Voor een reportage.'

Hij moet nog even op de redactie van z'n krant zijn. Paar gesprekken voeren. En – als hij er toch is – even kijken naar z'n nieuwe werkplek, na een drastische verbouwing van de immense kantoortuin. 'Dit moet het zijn', zegt hij. Een langwerpig vertrek met vier muren en een glazen deur. Waarnemend hoofdredacteur Wim Hoogland komt binnen.

'En?', vraag hij.

'Beetje weinig te kijken hier, alleen door die glazen deur.'

'Ja, maar die wordt vervangen.'

'Hoezo vervangen?'

'Door een houten.'

'Dan zie ik dus niks meer.'

'Ja, ik snap je reactie. Kun je eindelijk weer naar de redactie komen, zie je nog geen collega's. Maar het is op jouw verzoek.'

'Mijn verzoek?'

'Nou ja: van de DKDB. Ze hebben het toch wel met jou overlegd?'

'Ik weet van niks.'

Terug in de auto vraagt hij de beveiliger rechts voorin, inmiddels weer zonder bivakmuts: 'Weten jullie hoe het zit met die deur in mijn werkruimte?'

Ze kijkt alsof ze water ziet branden. 'Laat maar', zegt Van den Heuvel. 'Ik bel er zelf wel even over.' Een deur, betrekkelijk onbeduidend voorwerp in de grootheid van zijn hectische bestaan. Een glazen deur, symbool ook van een vleugje meer vrijheid.

30

NIET TE HECHT

Is er sprake van een band met je beveiligers?

'Sommigen ken ik al vijf jaar. Dat schept wel een soort van band, ja. Ook omdat ik ze zeer waardeer. Ze zijn mee geweest naar begrafenissen, naar verjaardagen. Dan ontstaat meer dan een zakelijke relatie en daar moet je ook weer mee oppassen. Er werken bij de DKDB een paar honderd mensen, je zit niet vaak met dezelfde mensen in de auto. Ze rouleren ook bewust. De ene keer bij mij, dan weer in een volgauto of in de voorverkenning. En een paar dagen later beveiligen ze Geert Wilders of de koning. Ze vinden dat ze alles moeten kunnen. De policy is dat er niet echt een band moet ontstaan. Begrijp ik ook wel. Zou niet goed zijn.'

31

DE CLUB VAN LOTGENOTEN

Het is maandag 23 mei 2022 als hij het officiële telefoontje krijgt, waarvan hij wist dat 't zou komen: Boris Popovics – bijgenaamd *De Bosniër* – is in Servië gearresteerd. De Bosniër, belangrijke schakel in de bende van Ridouan Taghi. Een paar dagen eerder was Van den Heuvel al *off the record* op de hoogte gebracht van de arrestatie. Dus begon hij op vrijdag 20 mei officieel te bellen als journalist. *Dit en dit speelt er, kunnen jullie het bevestigen?* Gevolg: paniekerige telefoontjes van overheidswoordvoerders. 'Alsjeblieft, breng het niet naar buiten, want we willen zaterdag en zondag nog een paar huiszoekingen doen.' John van den Heuvel respecteerde het verzoek, wetend dat er weer een weekeinde zou volgen met samengeknepen billen. *Verdomme, straks lekt het uit.*

Maar wat was het alternatief? Het nieuws toch brengen en het risico lopen dat je daarmee het onderzoek frustreert? Nee, dan toch liever wachten. Op het verlossende telefoontje dat vandaag inderdaad komt. Primeur voor de misdaadverslaggever, vleugje goed nieuws voor de man-met-de-maximale beveiliging. Er valt in zijn hoofd even wat af te vinken: *zo, mooi, weer eentje van de straat.* Hij weet wel zo'n beetje wie er nog op vrije voeten is van de club die hem naar het leven staat. Twee jaar eerder

– na de arrestatie van Ridouan Taghi – kreeg hij vanuit de Mocro-maffia een tip van iemand die inmiddels zelf ook vastzit: 'Het gevaar is voor jou nog niet geweken. Er loopt nog eentje vrij rond. *De Bosniër.* Voor hem moet je echt uitkijken, hij regelt alles. De geldzaken, het geweld aansturen, alles.'

Als zo'n bende een zinkend schip wordt, kiezen sommige leden eieren voor hun geld en gaan ze lekken. Dan wordt Van den Heuvel rechtstreeks of via via benaderd met bruikbare informatie. Dat kan leiden tot krankzinnige situaties. Zoals laatst. Kreeg hij een buitengewoon belangrijke tip die betrekking had op zijn eigen veiligheid. Hij gaf het door aan de DKDB, die 't geheel volgens het protocol neerlegde bij het Openbaar Ministerie. Gevolg: een welhaast surrealistisch telefoongesprek.

'John, jouw informatie is bij ons niet bekend. We moeten weten waar 't vandaan komt, anders kunnen we niks doen.'

'Kan ik niet zeggen. Ik moet m'n tipgevers beschermen, anders krijg ik nooit meer wat te horen.'

'Dan kunnen we niks doen.'

Zeven maanden later kreeg Van den Heuvel bericht van het OM: 'We hebben de informatie nu ook binnengekregen. Je verhaal klopt.'

Het gesteggel met het Openbaar Ministerie leidde uiteindelijk wel tot een betere samenwerking tussen de zwaar bewaakte journalist en de overheid die hem moet beveiligen. Het besef dat er een gezamenlijk belang is dringt door tot de hogere ambtenarenkringen. Vijf jaar geleden regeerde de argwaan. Een journalist in de beveiliging, de combinatie leidde tot diepgeworteld wantrouwen: *Hebben we niet Het Paard van Troje binnengehaald?* Kwamen z'n beveiligers hem in die begindagen ophalen in een oefenauto van de DKDB. Een oude Mercedes, die al was afgeschreven en alleen nog werd gebruikt bij trainingen.

Ze willen me niet wijzer maken dan ik ben, dacht John van den Heuvel. Niet de crème de la crème van het materiaal aan een journalist laten zien, was de stelregel. Ze zeiden het niet met zoveel woorden, maar de boodschap was duidelijk.

'Komen jullie weer met zo'n ouwe bak aanzetten', zei hij wel eens en dan was de stilte veelzeggend.

Het deed hem denken aan zijn overgang van de politie naar de redactie van *De Telegraaf*. Toen werden in blinde paniek safehouses van veiligheidsdiensten vervangen. Massale verhuizingen, omdat de nieuwbakken journalist als ex-undercoveragent alle geheime adressen kende en die zou hij zomaar kunnen publiceren in zijn krant.

Alleen al de gedachte maakte hem misselijk. Alsof hij het in z'n hoofd zou halen om de veiligheid van oud-collega's in gevaar te brengen, maar kennelijk was het woord 'journalist' al genoeg voor een aanval van paranoia in justitiële kringen. In paniek kunnen rare conclusies worden getrokken. Inmiddels is er in ieder geval met de DKDB sprake van wederzijds vertrouwen, ook als het om De Bosniër gaat. Toen Van den Heuvel op hem werd gewezen, woonde Boris Popovics nog in Nederland. Dan hou je – met je eigen veiligheid in het achterhoofd – als journalist toch steeds voeling met de wereld rondom zo'n man. *Hoe is het eigenlijk met die Bosniër? Gaat er nog wat gebeuren? Hoe lopen de lijnen door het netwerk?*

Hij was – wist John – gezien in Montenegro, maar dat land levert geen ingezetenen uit. Het was dus wachten op het moment dat hij zou gaan reizen. Als hij in Servië opduikt is het bingo. Het vleugje euforie daarover wordt in het hoofd van de misdaadverslaggever snel verdreven door de harde realiteit. Zo'n arrestatie – hoe belangrijk ook – betekent niet dat het gevaar voor hem is geweken. Fijn dat ze er weer eentje te pakken hebben, meer is het niet. Het gaat erom dat het complete criminele netwerk rond Taghi met de grond gelijk wordt gemaakt. 'Dat is veel belangrijker dan mijn persoonlijke situatie', zei hij laatst nog tegen Mariëtte. 'Ik zou willen dat ik licht aan het eind van de tunnel zag, maar ik zie het nog niet.'

Wordt hij gebeld door de mensen van justitie:

'John, we hebben er weer eentje en dat is ook fijn voor jou.'

Dan zegt hij: 'Jongens, bedankt. En gefeliciteerd met de vangst.' Maar hij zakt bij die gelegenheden niet achterover op de bank, verzuchtend: *o, gelukkig zeg.* Een deel van de dreiging is misschien weg, maar het allergrootste gevaar nog niet geweken. De arrestatie van De Bosniër is een enkele stap op een ellenlange weg.

De Landelijke Recherche is met een klein team voortvarend bezig. Van den Heuvel vermoedt dat wereldwijd nog meer kopstukken opgepakt gaan worden. Die hebben ze in het vizier. Dan is het grootste gedeelte van degenen die de machtsstructuren vormen van de straat, maar – is de stellige overtuiging van de misdaadverslaggever – het grootste probleem blijft voorlopig dat de criminele activiteiten van de heren in de gevangenis gewoon kunnen doorgaan. En dat blijft zo totdat het systeem in penitentiaire instellingen op de schop gaat.

De mogelijke gevolgen van de praktijken van Taghi's advocatenneef... Mocht Van den Heuvel nog haren op zijn hoofd hebben, ze zouden hem te berge rijzen als hij eraan denkt. De voorrechten van je beroep misbruiken door als boodschapper van criminelen te dienen... Zo'n Bolle Jos, nog op vrije voeten en bijgestaan door raadsman Guy Weski , de zoon van Inez Weski, één van de advocaten van Taghi. Van den Heuvel kan daar lang en somber over nadenken. Dan zegt hij tegen zichzelf: hoe naïef moet je zijn om volledig uit te sluiten dat er belangrijke informatie bij Ridouan Taghi in de gevangenis terecht kan komen? Hij zegt niet dat het zo is, maar ondenkbaar wil hij het ook niet noemen. Hij kan het niet bewijzen, maar 't wel denken, in zijn door bedreigingen geregisseerde isolement.

Een situatie die hij deelt met tientallen – zoals hij ze noemt – *mensen in hetzelfde schuitje*. Politici, collega's. Van den Heuvel maakte voor Videoland een documentaire over de pogingen van Bram Moszkowicz om terug te keren in de advocatuur en interviewde daarover ook Geert Wilders. De fractiekamer van de PVV-leider leek wel Fort Knox, binnen het toch ook al goed beveiligde gebouw van de Tweede Kamer. Controle, een sluis, nog een controle. Later spraken de twee over de impact die extreme beveiliging heeft op de geest van een mens. Hoe ga je om met beperkte vrijheden? Hoe blijf je mentaal sterk? Er zijn onderzoeken gedaan naar wat het met je doet als je langere tijd wordt beveiligd, onder anderen bij presidenten van de Verenigde Staten. Beveiliging kan een gouden gevangenis zijn, het kan je veranderen. Andersom ook. Als tegen leden van het Koninklijk Huis gezegd zou worden: we begeleiden jullie niet meer... Ze zijn het niet gewend om zelf ergens naartoe te rijden, hoeven nooit een parkeerplek te zoeken, weten bij wijze van spreken niet eens hoe een parkeergarage werkt.

Van den Heuvel sprak er uitgebreid over met Geert Wilders. Ze zullen nooit politieke vrienden worden, maar *hetzelfde schuitje* schept toch iets dat op een band lijkt. Ze bellen soms met elkaar. Van den Heuvel gaf Wilders een tip over een walgelijk bedreigend filmpje uit Turkije, Wilders schreef na het A2-tumult een whatsappje naar Van den Heuvel: *Veel respect voor jou, John, heb deze week veel aan je gedacht. Gelukkig is het goed afgelopen. Veel sterkte, als ik wat voor je kan doen let me know.*

Toen de overheid besloot om de inzet van de DKDB vooral in de weekenden drastisch in te perken, zocht Van den Heuvel daarover contact met 'lotgenoten'. Hij schreef aan de instanties over een verdere inbreuk op zijn privéleven en op z'n werk als journalist. 'Ik vind de situatie zo langzamerhand onhoudbaar en kom in een positie dat ik mijn werkgevers moet uitleggen dat ik vanwege beveiligingsbeperking mijn werkzaamheden niet meer kan uitvoeren.'

Van den Heuvel heeft ook regelmatig contact met de zwaar beveiligde advocaten van de kroongetuige in het Marengo-proces, Peter Schouten en Onno de Jong, en met anderen die in beveiliging zitten. Het is een soort club van lotgenoten. Van mensen met een raar leven, bij wie af en toe frustraties bovenkomen die je het best met anderen kunt delen. Van den Heuvel heeft aan die club zelfs goede vrienden overgehouden. Eens in de drie weken spreken ze af om elkaar een beetje overeind te houden. Met Mick van Wely praat hij ook veel. De vakbroeders worden sinds augustus 2021 allebei beveiligd. Ze vinden elkaar in nuchterheid met dat ene zinnetje: *het is zoals het is.*

Je hebt beveiligen en beveiligen. Voormalig staatssecretaris Fred Teeven kon op gezette tijden buschauffeur zijn toen hij werd bewaakt. Als John van den Heuvel tegen de DKDB zegt dat hij af en toe – om de zinnen te verzetten – achter het stuur van een stadsbus wil kruipen, wordt hij voor gek verklaard. Dat zou een wel heel erg ingewikkelde operatie worden. Ze hebben allebei een verleden bij de politie, zijn beiden extreem nuchter. Ze spraken regelmatig over hun beperkte bewegingsvrijheid: hoe blijf je daarin geestelijk overeind? De band tussen hen is goed, maar het botst ook regelmatig. Teeven is lobbyist voor het gokcircuit. Hij wil de markt vrijgeven, Van den Heuvel ziet daar ellende van komen. Verslavingen, criminaliteit.

'Kijk nou hoe ze het in Scandinavië doen', zegt hij dan tegen de oud-politicus. 'Daar hebben ze een verbod op gokreclames en dat werkt goed.' Het leidt tot felle discussies, waarin Teeven behoorlijk venijnig uit de hoek kan komen. 't Onderling respect wordt er niet door aangevreten.

De band van John van den Heuvel met de zussen van Willem Holleeder is er nog steeds. Moedige vrouwen, Astrid en Sonja. In juli 2017 sprak hij hun en ex-schoonzuster Sandra over hun 'gebrekkige beveiliging'. Het was ironisch genoeg een paar maanden voordat hij zelf onder extreme bewaking kwam te staan.

'Schande', zeiden de drie vrouwen in het geruchtmakende interview voor *De Telegraaf* over de misdaden van broer Willem. Het gesprek werd op een geheime locatie gevoerd. Inmiddels zijn de contacten tussen hen nog ingewikkelder geworden. De extreem beveiligde journalist kan de zwaar bewaakte zussen alleen ontmoeten als niemand in gevaar kan worden gebracht. Het zijn tot in de finesse uitgewerkte plannen, met één onbetwiste voorwaarde: John mag op geen enkele manier gelinkt kunnen worden aan de geheime verblijfplaatsen van de zusters Holleeder en omgekeerd.

Ze mogen nooit in één beeld gevangen kunnen worden, dus verplaatst Van den Heuvel zich zo onherkenbaar mogelijk naar de geheime locaties. Er is altijd een observatieteam en heimelijke beveiliging in de buurt. Dit soort complicaties maken het journalistieke werk extra moeilijk. Potentiële informanten die het veiliger vinden om niet met hem gezien te worden of bang zijn te worden afgeluisterd door de politie. Ook Van den Heuvel ontkomt soms niet aan vermommingen, moet er zeker in zijn situatie voor waken dat hij niet in de val wordt gelokt met een zogenaamde gouden tip.

Wordt hij gebeld: 'Ik heb geweldig nieuws, kom daar en daar naartoe.' Dan de afweging moeten maken: hoe serieus is dit? Voortdurend ook het dilemma: de beveiligers moeten op de hoogte worden gebracht, maar je kunt ze nooit vertellen met wíe je afspreekt, want de anonimiteit van de tipgever is heilig. Het leidt vaak tot pittige en lastige discussies met de mensen in wier handen zijn leven ligt.

Soms wil iemand van de Mocro-maffia met hem praten en dan weet hij al wat de beveiliging zal zeggen:

'Gaan we niet doen.'

'Gaan we wel doen', reageert hij dan. Wordt er koortsachtig overlegd over de voorwaarden, tot er weer een compromis is, het zoveelste. Waarborgen inbouwen, heet dat. Trucjes uit het nabije verleden. Je spreekt af op een bepaalde plek en belt een kwartier van tevoren op: locatie is gewijzigd. En dan in de gaten houden of er beweging is, hoe er wordt gereageerd. Zeggen dat je met een blauwe Volkswagen komt, een blauwe Volkswagen vooruit sturen en zelf volgen in een groene Renault. Maar dat werkt nu ook niet meer. Ze hebben inmiddels nieuwe strategieën uitgedokterd.

Zo makkelijk als het een aantal jaren geleden ging... In de auto springen, naar een terrasje rijden, praatje maken, stukje tikken. *Das war einmal.* Een voorstel om af te spreken in een donker havengebied is op voorhand uit den boze. Van den Heuvel moet vooraf precies weten waarover het gaat en met wie hij te maken heeft. Dan de bandbreedte zoeken. Waar ontmoeten we elkaar? Of toch maar beter skypen? Gaat hij de deur uit, dan alleen naar een aantal vaste locaties, die uitgebreid door de beveiliging zijn doorgelicht. Hij prijst zich gelukkig dat de mensen hem nog altijd weten te vinden, maar hoeveel potentiële tipgevers er zijn afgehaakt omdat ze het allemaal veel te ingewikkeld vinden... Hij weet 't niet.

Vier jaar geleden had hij met een tipgever afgesproken in een ziekenhuis. De man wilde John graag spreken, er was haast bij.

'Verdorie, ik móet naar die man toe', zei Van den Heuvel.

'Denk je nou werkelijk dat we je zomaar een ziekenhuis in laten lopen?', was de reactie. Er kwam weer een compromis, dit keer in de vorm van een gepantserde auto 'vermomd' als taxi. De verslaggever werd bij de achteringang afgezet.

Hij denkt eraan terug nu het bericht over de arrestatie van de Bosniër goed tot hem doordringt. Weer eentje minder, weer eentje van de straat. Maar de dreiging blijft.

32

WAT EEN MENS

Hij gaat bij hem in het dorp postzegels kopen, in zo'n Primera-winkel die in deze tijd van efficiëntie tevens postkantoor is. Een vrouw op leeftijd trekt zijn aandacht. Ze lijkt niet op haar gemak, loopt onrustig heen en weer. Kijkt angstig naar buiten, dan weer naar de man die ze heeft herkend. Ze loopt op hem af. Hij kijkt haar aan, ze is bleekjes om de neus. 'Meneer Van den Heuvel,' zegt ze. 'U moet níet naar buiten gaan!'

'Waarom niet, mevrouw?'

'Er zijn voor de deur mensen die u staan op te wachten! Ze lopen voortdurend op een neer door de straat!'

Hij legt rustgevend een hand op haar schouder. 'Superlief mevrouw dat u mij waarschuwt. Heel attent ook. Maar dat zijn m'n beveiligers. Niks aan de hand.'

'O, gelukkig, gelukkig', zegt ze. 'Ik was zó bang.' Opgelucht loopt ze de deur uit. De misdaadverslaggever kijkt haar vertederd na. Een mevrouw in een Primera-winkel, vrezend voor een aanslag op de man die ze heeft herkend. En dan niet weglopen, op zoek naar een veiliger plekje. Niet denken: wegwezen hier. Geen vluchtgedrag. Nee, zo bang als ze was op het potentiële doelwit aflopen om hem te waarschuwen. Wat een mens.

33

SCHAKEN MET OMSTANDIGHEDEN

Had je dit werk net zo goed kunnen doen als je geen undercoveragent was geweest?

'Dan was het een stuk lastiger geworden. Dat undercoverwerk heeft in m'n voordeel gewerkt. Vooruit denken, schaken met omstandigheden, heimelijk kunnen werken, altijd rekening houden met bepaalde risico's.'

Dwing je daarmee ook respect af bij je beveiligers?

'Ze zijn niet gewend aan mensen die zo met hen meedenken als ik. Anderen die worden beveiligd klagen vaak dat ze nergens van op de hoogte worden gebracht. Daar had ik in het begin ook last van, maar inmiddels is er sprake van wederzijds respect en elkaar waar mogelijk helpen. De verstandhouding is beter geworden. De beveiligers zeggen ook – en dat vind ik mooi om te horen – dat ik mentaal sterk ben. Daar denk je zelf niet zo over na. Je kiest dit werk vanuit een bepaalde overtuiging, met een bepaald doel. Als ik niet onder druk had kunnen werken, was ik twintig jaar geleden al afgehaakt.'

34

ITALIË ALS LICHTEND VOORBEELD

Hij kijkt naar het VVD-Kamerlid naast hem in de auto. Ze rijden door het groene glooiende landschap van Calabrië – hoe toepasselijk – ingeklemd tussen de van oudsher criminele brandhaarden Napels en Sicilië. John van den Heuvel voelt respect voor deze politicus: Ulysse Ellian, zoon van professor Afshin Ellian, de rechtsgeleerde/filosoof/dichter, die vluchtte voor de ayatollah's van Iran. Ulysse werd in 'ballingsoord' Kabul geboren en weet niet anders dan dat zijn vader beveiligd moet worden tegen de dodelijke agressie van door de Iraanse staat aangestuurde moslimterroristen. Ook toen ze als gezin in Nederland terechtkwamen, want de tentakels van almachtige geestelijke leiders reiken ver.

Tijdje geleden werd Van den Heuvel gebeld door Ellian jr. Ze spraken af op de redactie van *De Telegraaf* en het Kamerlid zei: 'Zullen we samen naar Italië reizen om te kijken hoe ze daar voor elkaar hebben gekregen dat zware criminelen niet vanuit de gevangenis hun handeltjes voort kunnen zetten?'

'Als we samen reizen, heb ik beveiligers bij me en ik weet niet hoe het met jou zit', reageerde de misdaadverslaggever. Ulysse Ellian belde met de NCTV – Nationaal Coördinator Terrorismebestrijding en Veiligheid – afdeling politici, vertelde van zijn plannen en subiet werd het daar onrustig. Of hij zich wel realiseerde wat de consequenties waren. Van den Heuvel kon zich de bedenkingen van de experts goed voorstellen.

Er werd tegen de liberaal aangehouden: 'Als jij met John op pad gaat en in de Tweede Kamer uitlatingen doet over gevangenisregimes, over Taghi, de EBI en het aanscherpen van maatregelen, dan moet ook jij in de persoonsbeveiliging.' Ellian overlegde met zijn vrouw en besloot: we gaan het gewoon doen. Sindsdien heeft ook hij DKDB-bewaking, net als z'n vader, die door beveiligers gehaald en gebracht wordt wanneer hij college's geeft aan de Universiteit van Leiden. Als vijand van het schurkenregime in Teheran; er zijn zelfs in Nederland Iraniërs vermoord. Z'n zoon kiest bewust dezelfde weg van de meeste weerstand, omdat hij wil opstaan tegen steeds meer gewetenloze criminaliteit. *Dan heb je wel ballen*, denkt Van den Heuvel naast hem in de wagen waarin ze hun werkbezoek vervolgen.

Een trip die twee dagen eerder net buiten Rome begon bij de opgeblazen auto van rechter Falcone, bewaard gebleven als monument. Falcone reed in een gepantserde wagen. In het afwateringsstelsel onder een snelweg was een bom van 100 kilo geplaatst. De maffia wist dat de rechter vanaf het vliegveld over dat asfalt moest. De moordenaar stond klaar met een transmitter en drukte op het 'goede' moment de knop in. Van de gepantserde bolide bleven alleen een paar brokstukken over, waar Van den Heuvel – precies dertig jaar na de fatale explosie – met gemengde gevoelens bij stond te kijken. *Wauw, wat een moedige man* was het eerste dat door z'n hoofd ging. Het tweede: ook Falcone werd beveiligd… Het kan dus, ondanks de professionele alertheid van bewakers, altijd fout aflopen.

Op misdaadgebied is 't relatief rustig in Italië. Ze hebben in de Laars van Europa lering getrokken uit de moord op Falcone, met extreme maatregelen. En dat is – realiseert Van den Heuvel zich nadat Ellian en hij zijn doorgevlogen naar Calabrië en nu onderweg zijn naar aanklager Antonio de Bernardo en zijn zwaarbewaakte 'bunker' in Lamezia Terme – het grote verschil met Nederland. Daar geldt na de moord op Peter R. de Vries het clichématige adagium: ze dronken een glas, ze deden een plas en alles bleef zoals het was. Op 6 juli 2021 was er even een schok, een paar dagen later ging de natie op vakantie en toen iedereen in september terug was, werd er nauwelijks nog over de liquidatie gesproken.

In Italië zorgde de brute moord op de rechter voor een omslag in de maatschappij: tot hier en niet verder. De mensen gingen de straat op om te protesteren tegen de georganiseerde misdaad. Ook hier in Lamezia Terme, nederzetting binnen het door een rijke misdaadhistorie geplaagde zuiden. Stadje waar het maagdelijk witte Godshuis *Nicastro Cathedrale dei Santi Pietro e Paolo* met luidende klokken de boze geest van de misdaad moet verdrijven, al valt niet uit te sluiten dat in het verleden ook hier wel eens een priester 't op een duivels akkoord heeft gegooid met de maffia.

Mr. Antonio De Bernado is één van de belangrijkste aanklagers van Zuid-Italië. De begroeting heeft iets bizars. De Italiaanse hoeder van de wet, omgeven door een cordon aan beveiligers, schudt de hand van de Nederlandse misdaadverslaggever, omgeven door een cordon aan beveiligers. De dagelijkse realiteit binnen twee EU-lidstaten in wat een beschaafd deel van de wereld heet te zijn.

Ze lopen naar de Italiaanse Bunker, een immense ruimte waar 300 verdachten tegelijk berecht kunnen worden. Voor de advocaten zijn tientallen rijen stoelen neergezet, voor de maffiosi kooien. Van risicorijk – ontsnappingsgevaar – vervoer is geen sprake, want de rechters zetelen pal naast de gevangenis. De Bernardo begrijpt niets van de Nederlandse aanpak: De Bunker op dat Amsterdams bedrijventerrein als decor van de grote rechtszaken… Hoe kún je het bedenken. Hij kijkt met verbijstering naar wat er in het polderland allemaal gebeurt en vooral wat er juist niet gebeurt. Moord op een advocaat en een journalist, dat is zelfs in Italië *next level*. Hier luidde de liquidatie van rechter Falcone een nieuw tijdperk in. 'Ik verbaas me over jullie naïviteit', zegt de aanklager. 'We krijgen de ene na de andere Nederlandse delegatie op bezoek. Praten, praten, praten. Daar los je niks mee op. Jullie moeten in actie komen. De kopstukken isoleren. En stoppen met die risicorijke pendeldiensten voor criminelen tussen gevangenissen en rechtszalen.'

Van den Heuvel en Ellian krijgen te zien hoe het gaat in de Italiaanse 41 *bis*-gevangenissen. De zware jongens die daar zitten worden in een kamertje gezet, waar ze via een videoverbinding het proces tegen hen kunnen volgen. De geluidsverbindingen zijn prima, alles is strak geregeld. 'Bij ons draaien dat soort experimenten altijd hopeloos in de soep', mompelt de journalist tegen het Kamerlid. 'Achterlijk. Het geluid deugt niet. Of de schermen vallen uit.'

Ze rijden westwaarts door het Zuid-Italiaanse landschap waar de warmte de lucht laat trillen en zien in de verte een protserig gebouw glimmend in de zon. *Villa Wanda*, aan de rand van Catanzaro, de hoofdstad van Calabrië. Voorheen statussymbool van een maffiabaas, die villa, maar door de staat van hem afgepakt en nu een opvangcentrum voor ex-drugsverslaafden.

Ze worden verwelkomd door vrouwen die de instelling draaiende houden en veel succes schijnen te hebben met hun therapie. Vrolijke doortastende dames, maar – geven ze toe – ook een tikkeltje ongerust. 'De crimineel die hier heeft gewoond komt binnenkort na bijna 20 jaar gevangenis vrij', zegt de directrice. 'En we weten niet hoe hij reageert als hij hier voor de deur staat en ziet dat er ex-junkies in zijn huis zitten.' De sneue klanten die met hun verslaving de criminelen stinkend rijk hebben gemaakt... De willoze pionnetjes in het miljardenspel van de drugshandel slapen nu in villa's van criminelen die jarenlang schaamteloos misbruik hebben gemaakt van de willoze pionnetjes. Hoe ironisch kan het leven zijn.

Een stukje verderop staat – naast het politiebureau – een kerk, gebouwd op grond die is afgenomen van de georganiseerde misdaad. Van den Heuvel stapt naar binnen en wordt verwelkomd door een priester die zich behoorlijk schijnt te hebben afgezet tegen de maffia.

'Bent u niet bang voor wraak?', vraagt de journalist aan de geestelijke.

De man haalt laconiek z'n schouders op. 'De maffia heeft haar gezicht al gered door te beweren dat ze de grond aan de kerk heeft geschónken. Aan die gedachte hou ik me maar vast.'

De bekende truc, denkt Van den Heuvel. Het volk tevreden houden met schenkingen, ook al zijn ze – zoals in dit geval – uit de duim gezogen. Escobar, de grote drugsbaas van Colombia, reed af en toe met z'n limousine de sloppenwijken in om geld uit het raampje te gooien. Dan ben je daar de held.

Dat poenige karretje rijden ze hier in Italië steeds vaker in de poep. Met dank vooral aan de *guardia di finanza*, zeg maar de Italiaanse FIOD, een overheidsinstantie met ongekende daadkracht. Na de moord op Falcone nam de *guardia di financa* geld, jachten, villa's en prijzige auto's in beslag.

Een politiechef rijdt nu rond in de peperdure Mercedes GLE van een maffiakopstuk, agenten wonen in van zware misdadigers afgepakte luxe appartementen. *Dé achilleshiel van de georganiseerde misdaad is geld, dat begrijpen ze in Italië beter dan bij ons* denkt Van den Heuvel.

Vandaag houdt 'FIOD-kazerne' *Regional Command* in Catanzaro – ooit dé zijdestad van de wereld – open huis. Scholieren uit de regio drommen er – als gasten, vrienden van justitie – samen met spandoeken tegen de maffia, er zijn politiedemonstraties met honden en helikopters. Eendracht onder een gepassioneerd volk om een vuist te kunnen maken tegen de macht van de misdaad, dat is wel eens anders geweest in het zuiden van Italië.

De volgende ochtend rijden ze verder westwaarts, tot Gioia Taura aan de Tyrreense Zee opdoemt. De haven van het 18.000 inwoners tellende stadje heeft de vorm van een pipet, telt een overslag van miljoenen containers per jaar, ligt aangenaam centraal binnen het Middellandse Zeegebied en werkt dus als een magneet op criminaliteit. Ellian en Van den Heuvel laten zich over een bloedhete stenen vlakte vol containers leiden, als gasten tijdens een inspectie van weer andere medewerkers van de *guardia di finanza*.

Wanneer ze uren later onderweg zijn naar Lamezia Terme Airport zegt Van den Heuvel tegen Ellian: 'Ik heb hier gezien hoe belangrijk het is om misdaadkopstukken in gevangenissen te isoleren. Dat het voor zware criminelen onmogelijk moet worden om met de buitenwereld te communiceren. Daar blijken wij zelfs in een extreem beveiligde instelling als de EBI niet toe in staat.' De ondergaande zon geeft het met kuilen gezegende asfalt een rode gloed. Van den Heuvel staart uit het raampje over de uitgestrekte glooiende vlaktes van Calabrië. De aanblik ontspant hem niet. Daarvoor malen de indrukken nog teveel in zijn hoofd. Daarvoor is de onvrede over de Nederlandse situatie te groot.

Te krankzinnig voor woorden dat een man als Ridouan Taghi – en hij zal echt het wiel niet hebben uitgevonden, dus niet de enige zijn – via corrupte bewakers, medegedetineerden of advocaten vanuit de gevangenis zijn criminele organisatie kan blijven aansturen. denkt hij. Hier hebben ze begrepen dat 't de achilleshiel van de misdaadbestrijding is. Je kunt gaan juichen als je zware jongens opsluit, maar als ze achter gesloten deuren gewoon hun smerige werk kunnen blijven doen is het een schijnoverwinning. Als je voor tientallen jaren of langer wordt opgesloten, heb je niets meer te verliezen en ga je vanachter tralies tegenstanders uit de weg laten ruimen. En dan zorg je ervoor dat er bij je familie geld blijft binnenstromen. Dan blijft het maar doorgaan. Beseffen ze hier in Italië beter dan in Nederland.

35

TIJD VOOR VERANDERING

Je zat een paar dagen na jullie Italiaanse trip alweer met Ellian bij Op 1.

'Ja, en die avond kreeg ik nog meer respect voor hem. Denk je dat in de gevangenissen de handen op elkaar gaan als wij met ons tweeën op televisie pleiten voor een strenger detentiebeleid en voor het isoleren van gevangenen? Ik zou willen dat er meer moedige Kamerleden waren als Ellian die zeggen waar het op staat, in gevangenissen werkbezoeken afleggen en moties indienen. In zijn laatste motie pleitte hij ervoor om in de gevangenissen alleen nog Nederlands en Engels als voertaal te accepteren, tenzij er dringende redenen zijn om daarvan af te wijken. Ze bellen en spreken met elkaar in het Arabisch of Marokkaans en geen bewaker weet waar ze het over hebben. Daar kunnen opdrachten voor liquidaties tussen zitten. Bij Ridouan Taghi en zijn advocatenneef is het ontdekt, maar 't gebeurt natuurlijk veel vaker. Daar zit het grote gevaar. Voor mij en voor veel meer mensen die er mee te maken hebben.'

Je stelde voor in jouw Telegraaf-Opinie: haal zwaargestraften uit de gewone gevangenissen. Zet ze in een speciale longstay-instelling.

'Ja. Zorg ervoor dat ze kunnen tuinieren of wat dan ook, zolang ze maar niet ongecontroleerd met andere gedetineerden of – nog erger – met de buitenwereld kunnen communiceren. Het klinkt misschien overdreven, maar dat wordt mijn mantra voor de komende tijd. Het moet afgelopen zijn met criminelen die misdaadbaasje kunnen blijven als ze gevangen zitten.'

De Spartaanse aanpak dus?

'Nee, zeker niet. Hoe harder je op criminelen inhakt, hoe groter de kans dat je wandelende tijdbommen terugkrijgt in de maatschappij.'

Heb je geen last van als ze levenslang krijgen.

'Als je levenslang hebt, kun je na 25 jaar een herzieningsverzoek indienen bij een speciale commissie. Die gaat er dan naar kijken, duurt een paar jaar. Is een onvoorspelbaar traject. Tot nu toe is slechts in twee gevallen gezegd: jij kunt terug de maatschappij in. De man die in 't Delftse café *Het Koetsiertje* zes mensen doodschoot en een Chinees die vier moorden pleegde. Maar niet iedereen gaat voor altijd achter tralies en mensen perspectief bieden is een goede zaak. Stel: sommigen van die Mocro's willen alsnog een verklaring afleggen over onopgeloste moorden. Dan moet je ze wel iets kunnen bieden.'

Wat?

'De wet maakt het mogelijk om deals te sluiten. Als zo'n crimineel het leed van nabestaanden kan verzachten met bruikbare informatie, wat is er dan op tegen om zijn straf iets in te korten? Dat is gewoon pragmatisch.

Krijgt iemand 30 jaar, is er niks mis mee om te kijken hoe hij die straf op een menswaardige manier kan ondergaan. Tientallen TBS'ers op de *longstay*-afdeling hebben een moestuintje. Is daar wat op tegen? Voor een verhaal in de krant heb ik gesproken met 's lands langstzittende tbs'er Theo Hendriks, inmiddels overleden. Hij zat 46 jaar vast. Zo'n man kun je toch niet laten wegrotten in een kamertje?'

Voorlopig kan een Pool nog opdracht geven om Peter R. de Vries te vermoorden, nadat hij direct contact schijnt te hebben gehad met criminelen in de gevangenis.

'Die link lag voor de hand. Naast het team rond een ontmaskerde commando en motorbende *Caloh Wagoh* vormen Polen het derde moordeskader van Taghi.'

Heb je al een excuusbrief van advocaat Inez Weski ontvangen?

'Omdat ze mijn bewering dat Taghi geen contact had met de buitenwereld gerectificeerd wilde hebben? Hahaha, nee, natuurlijk niet. Haar cliënt Ridouan Taghi zou volgens haar ook geen enkel contact hebben met maffiakopstuk Rafaela Imperiale. Uit afgeluisterde skypegesprekken blijkt iets heel anders. De FBI waarschuwde 'pas op, Ridouan Taghi communiceert via een corrupte bewaarder' en de politie stelt 'het kan niet anders dan dat een onderschepte USB-stick met belangrijke informatie van Taghi in de gevangenis kwam'.

In een interview met Villa Media *– website over journalistiek – stelde je: 'Als er iets misgaat met journalisten, zijn advocaten als Nico Meijering en Bénédict Ficq medeverantwoordelijk. Omdat ze in mijn optiek soms* *cliënten ophitsen tegen journalisten. Ze schilderen verslaggevers af als handlangers van politie of justitie. Zo breng je journalisten in gevaar.' Daar was Meijering nogal boos over.*

'Aanvallen van advocaten doen me niks. Zij kunnen niet anders, het is politiek. Hypocrisie van ongekende omvang. Sommige advocaten hebben te veel macht binnen het rechtssysteem. Hoe naïef ben je als je denkt dat de advocaat van Bolle Jos en tevens de zoon van Inez Weski niks tegen zijn moeder zegt over z'n werk als ze 's avonds samen aan de eettafel gehaktballen met jus naar binnen werken? Volstrekt ongeloofwaardig. Heb ik ook verteld bij Op 1. Maar het valt niet te bewijzen. Daarom heb ik herhaald wat ik vaker heb geroepen: *ik zeg niet dat het zo is, maar 't is wel heel apart allemaal.*'

36

VROLIJK WHATSAPP-VERKEER

Als reactie op de bewuste uitzending van *Op 1* stuurt Juriaan de Vries van advocatenkantoor Ficq & Partners – waartoe ook Nico Meijering behoort – een whatsappbericht naar John van den Heuvel. Het is de inleiding van een vrolijke uitwisseling van woorden, veelzeggend over het spanningsveld tussen advocatuur en journalistiek.

De V: 'Ik zeg niet dat het zo is hoor John, maar het is toch wel heel apart.'

VdH: 'Die moet bij jullie op een tegeltje.'

De V: 'Als ik/wij iets zeggen, dan doen we dat recht voor z'n raap.'

VdH: 'Hahaha, nu laat je me echt lachen, boodschappenjongetje.'

De V: 'Jij maakt er een gewoonte van mensen te beschimpen, maar je doet dat zodanig dat je er gelet op je 'positie'/functie niet (in rechte) op kan worden aangesproken. Dat bedoel ik. Ik zeg niet dat het zo is hoor Sjon, maar maakt je dat niet gewoon een lafhartig mens? Is dat best een beetje een zwaktebod?'

VdH: 'Wie de schoen past trekke hem aan, Jurriaan de Vries. Je bent geen haar beter, dus ik snap je zorgen.'

De V: 'Je maakt een wat gepikeerde indruk. Geïrriteerd. Ik zeg niet dat het zo is hoor, maar het is wel heel apart.'

VdH: 'Nee hoor, van jou kan ik alles hebben.'

De V: 'Lekker weekend man, geniet ervan.'

VdH: 'Ja heerlijk, het zonnetje schijnt. Straks weer lekker met m'n beveiligers op pad dankzij het schorem dat jij verdedigt en over wie jij je mond houdt. Over laf gesproken.'

De V: 'Ah, mijn schuld. Niveautje hoor.'

VdH: 'Nee, want je bent erger. Ik zeg nu wel dat het zo is, heel apart. Fijne dag.'

De V: 'Zeg je nou gewoon dat dat zo is, zonder voorbehoud? Ik dacht dat je een vos was die z'n haren verloor, maar niet z'n streken. Kom ik van een koude kermis thuis. Je maakt daadwerkelijk stappen.'

VdH: 'Dag boodschappenjongetje. Dag dag.'

De V: 'Maar nog heel ff hoor, want ben toch wel benieuwd. Je houdt de advocatuur, meer specifiek de paar advocaten die je altijd beschimpt, verantwoordelijk voor de dreiging die er jegens jou is? Daar krijgen die advocaten de schuld van? En zijn ze verantwoordelijk voor? Eigenlijk net zoals dat de pillenslikker bijdraagt aan de instandhouding van het geweld in de onderwereld?'

VdH: 'Ik zou er graag over praten Juriaan, maar ik vertrouw je niet.'

37

ZO'N VAKANTIE OM BIJ TE KOMEN

Gebruind, geestelijk uitgerust en een tikkeltje vermoeid van de terugreis na een vakantie in de geborgenheid van een verscholen stukje Europa rijdt de familie Van den Heuvel het grindpad op van het huis dat is verworden tot een vesting. John opent de voordeur en treft in de hal een 'ontvangstcomité' van zeven man aan. Techneuten van de veiligheidsdienst, met gepaste trots wachtend op het moment dat ze kunnen uitleggen wat ze tijdens de afwezigheid van de familie allemaal voor ultra moderne snufjes in de woning hebben aangebracht.

Het beveiligingssysteem was achterhaald, oordeelden de bazen van afdeling Bewaken en Beveiliging. Terwijl de misdaadverslaggever in het zuiden van Europa veelvuldig op het water vertoefde, liepen twintig mensen door zijn huis. Het resultaat mag er zijn. De gang heeft veel weg van de controlekamer van Het Witte Huis, de wand vol beeldschermen zou niet misstaan in de regiekamer van een middelgrote tv-studio.

'Wel een beetje raar thuiskomen zo', zegt Mariëtte tegen haar man.

'Ja, bizar', zegt hij.

En het was nog wel een vakantie waarin de eeuwige dreiging en de vermaledijde term 'extreme beveiliging' even geen hoofdrol speelden in het gezin. Althans, niet dagelijks. En dat is al heel wat in het aardse bestaan sinds december 2017 van John van den Heuvel. De betrekkelijke rust werd op 5 juli nog wel even verstoord door een telefoontje van zijn vaste aanspreekpunt binnen het Openbaar Ministerie.

'Ga jij morgen naar het verjaardagsfeest van Gordon in Dubai?' vroeg de man.

'Nee, hoezo?'

'Gelukkig maar.'

'Je maakt me nieuwsgierig.'

'We hebben net de informatie doorgekregen dat *ze* tijdens de verjaardagslunch van Gordon – zodra jij daar als gast verschijnt – een aanslag op je willen plegen.'

Van den Heuvel laat de woorden op zich inwerken. Het zou precies een jaar zijn na de liquidatie van Peter R. de Vries. Hij besluit om de zoveelste nare boodschap niet in dit decor van rust en weelde de sfeer te laten verpesten. Zegt dus niets over het alarmerende telefoontje tegen Mariëtte en z'n zonen. Waarom voor een onnodig spanningsveld zorgen als het epicentrum van een mogelijke aanslag duizenden kilometers verderop ligt? *Dat ze nog steeds met me bezig zijn, terwijl inmiddels toch zo'n beetje het hele clubje vast zit,* spookt door z'n hoofd. Toch maar even Gordon bellen.

'Ga jij je verjaardag morgen nog vieren?'

'Ja John, met een uitgebreide lunch, hier in Dubai.'

De informatie van de DKDB klopt dus wel.

Verder beweegt de bv JvdH zich een paar weken lang voort in de laagste versnelling. Voor het eerst sinds mensenheugenis is Johns mobiel het grootste deel van de tijd uitgeschakeld. Slechts vier keer per dag zet hij het ding even aan, om alles te lezen over wat er ondertussen in de polderlandse misdaad is gebeurd. Helemaal afsluiten van de buitenwereld is voor hem een onmogelijke opgave en dat heeft weinig met de immer loerende dreiging te maken. Ze weten niet anders, Mariëtte en de kinderen: een vakantie waarin John geen moment journalist hoeft te zijn, is utopisch. Heeft ook met bizarre spelingen van het lot te maken. Zat de familie in Los Angeles, werd de zwarte taxichauffeur Rodney King door politiemensen in elkaar geslagen en het filmpje daarvan op sociale media zorgde voor zoveel onrust dat de stad veranderde in een slagveld.

En als je daar dan toevallig toch bent als verslaggever... Telefoontje naar de eindredactie: *Hoeveel woorden willen jullie hebben?* Een jaar eerder werd tijdens z'n vakantie Klaas Bruinsma vermoord. Dan blijf je uiteraard ook niet stilliggen op je strandbedje aan de waterkant. Maar nu valt het dus mee. Vaak zitten ze met z'n allen diep verscholen in de bergen. Klinkt gek misschien, maar het voelt alsof de dreiging van de grote boze wereld daar het meest langs je heen glijdt. Hij heeft wel een paar keer gebeld met de familie van Tob Cohen, de Nederlandse zakenman die in Kenia is vermoord. John stond naast de zus van Tob toen de ondernemer werd gevonden in een septic tank. Dat schept een band. De zus moet naar Afrika om een getuigenis af te leggen en dan probeer je haar toch even te steunen, met advies en opbeurende woorden.

Gelukkig zijn de beveiligers in het land waar de familie de vakantie doorbrengt buitengewoon aangenaam in de omgang. Als bewakers – zoals in zijn extreme geval – een verlengstuk van jezelf worden, is een goed contact niet onbelangrijk. Merkte hij ook toen Mariëtte en hij aansluitend op de trip met Kamerlid Ellian nog drie dagen samen doorbrachten in Rome.

Mariëtte was er voor naar Italië gevlogen. Twee alleraardigste Romeinse beveiligers lieten de meest schitterende plekjes van de stad zien. Ze belden familieleden voor tips over de leukste restaurants. Vroeg John 'waar vinden we de lekkerste pasta's van de stad?', werden ze naar een buurt gebracht met *mama's* achter het fornuis.

'Wat kunnen we voor jullie terugdoen?' vroeg Van den Heuvel aan de mannen.

'Stuur maar een brief naar onze commandant', zeiden ze lachend. Dat deed John. Hij prees ze de hemel in. En vroeg Wesley Sneijder om een videoboodschapje voor ze in te spreken, want ze waren grote fans van de voetballer. Op de vakantiestek was de verstandhouding met de bewakers ook warm. Dat vermaledijde beveiligd-worden kan ook een mooie kant hebben, al ziet John van den Heuvel die nu – net terug in zijn eigen huis – even niet. Ook deze zeven mannen zijn alleraardigst. Leggen geduldig uit wat ze allemaal hebben geïnstalleerd voor nog meer veiligheid, maar de journalist denkt: nog minder privéleven.

'Welkom in het *Big Brother*-huis', zegt hij tegen Mariëtte als de techneuten weg zijn. Ze kijken naar de videowand. Wel erg veel camera's die je op wel erg veel plekken kunnen volgen. John belt met de DKDB. Het compromis: hij mag op zijn mobiel een appje installeren, waarmee hij indien gewenst een camera uit kan schakelen. 'Zo', zegt hij tegen Mariëtte. 'Hebben we toch nog een béétje privacy uitonderhandeld.'

38

EIGEN WERELDJE EERST

Ben je goed en wel terug in Nederland, verlaagt het gerechtshof in Amsterdam de eerder opgelegde straffen voor het trio dat met een raketwerper het gebouw van Panorama heeft aangevallen.

'Onvoorstelbaar. De rechter acht het niet bewezen dat het een gerichte aanval was op het weekblad of op de persvrijheid, omdat in het gebouw meerdere bedrijven zaten. Ik las het en dacht: *hoe haal je het in je hoofd?* Het OM eiste recent nog ruim zes jaar cel tegen de daders en sprak van een gerichte aanval op de vrije pers, passend in een patroon van geweld tegen journalisten en ondermijnend aan de democratische samenleving.'

Het hof denkt er anders over.

'Absurd. Ik kan me nog een zaak herinneren van een raketaanval op de rechtbank van Amsterdam. Die gozer kreeg 12 jaar. Nu werd er met een raketwerper een mediabedrijf bestookt en zegt de rechter: het is niet bewezen dat 't een aanval was op de persvrijheid. Terecht dat er hard wordt opgetreden als rechters of advocaten worden belaagd, maar kijk dan ook wat verder. Als 't om het eigen justitiële wereldje gaat, staan ze op hun achterste benen. Verdedigbaar, want de rechterlijke macht is er voor de bescherming van de democratie. Maar dat geldt ook voor media-bedrijven.'

39

DE STUDIO & DE VERWARDE VROUW

Goedgeluimd stapt hij op deze maandagavond in augustus 2022 de studio van *RTL Boulevard* binnen, ondanks het bunkereffect toch een beetje zijn tweede huis.

'Was even schrikken hè, John?', zegt de floormanager als Van den Heuvel van de kleedkamer op weg is naar de mevrouw van de visagie.

'Waarvan?'

'Van dat gedoe, zaterdag.'

'Zaterdag? Waar heb je het over?'

'Die verwarde vrouw. Ze was op zoek naar jou. Stond hier zaterdag opeens.'

'Ik weet van niks.'

De uitzending begint over een kwartier. Niet echt het meest perfecte tijdstip om zijn contactpersoon bij het Openbaar Ministerie te bellen dus, maar Van den Heuvel is te verbijsterd en ook te nieuwsgierige om te wachten tot half acht. De contactpersoon neemt meteen op.

'Ik hoor net dat hier zaterdag in de best bewaakte studio van Nederland gewoon iemand met een hond onder de arm het gebouw binnen is gelopen.

Wat was er in godsnaam aan de hand?'

'Ik ga het even uitzoeken', luidt het onderkoelde antwoord.

Als een uur later de eindtune heeft geklonken, krijgt hij bewakingsbeelden te zien van het incident. De mevrouw met dat hondje, naast een meneer onverstoorbaar door een gang lopend. Die meneer – werkzaam bij een aanpalend bedrijf – blijkt buiten door de vrouw te zijn aangesproken.

'Weet u waar ik John van den Heuvel kan vinden, ik moet hem dringend spreken', vroeg ze.

De man, zich van geen kwaad bewust: 'Ik breng u wel even, mevrouw.'

Pas redelijk diep in de spelonken van het studiogebouw worden ze aangesproken door een ongewapende particuliere beveiliger. Onthutst bekijkt de misdaadverslaggever het tafereel. De mevrouw – behoorlijk in de war – bleek niet vuurwapengevaarlijk, maar voor hetzelfde geld stond daar een gekkie met een pistool of een mes. Of erger nog: was het een lid van de Mocro-maffia, bezig met een verkenning: *even kijken hoe ver we kunnen komen*. Die staat dan in het voorportaal van de opnamestudio. En niemand van de beveiligingsdiensten die Van den Heuvel erover heeft ingelicht.

Hij laat het incident een paar dagen op zich inwerken. Krijgt ondertussen aanvullende informatie – de vrouw kwam onopgemerkt tot één meter van de studiodeur, liep al anderhalf uur rond te dolen over het terrein – en besluit een e-mail te sturen naar zijn contactpersoon bij het O.M. Hij heeft vragen:

Hoe kan het dat ze naar mij wordt doorverwezen zonder dat iemand wat vraagt?

Is rekening gehouden met een mogelijke test van de beveiliging?

Is rekening gehouden met het feit dat dit een 'voorverkenning' zou kunnen zijn?

Hij schrijft verder: 'Ik wil graag zo spoedig mogelijk overleg, want ik schrik hier behoorlijk van. Er wordt door RTL en door jullie veel geïnvesteerd in veiligheid, maar door dit soort incidenten krijgt het veiligheidsgevoel van mij maar ook van mijn collega's een hele fikse knauw.'

Hij krijgt als antwoord dat alle afgesproken procedures zijn gevolgd, dat de vrouw is gefilmd in een gedeelte van het gebouw dat vrij toegankelijk is, dat de dame hulp zocht bij Van den Heuvel en dus geen *gevaarzetting* betekende.

De woorden stellen hem allerminst gerust. Hij reageert:

'Als een verwarde vrouw negentig minuten rond de studio loopt, mensen aanspreekt en vraagt waar ik ben te vinden, dan zou dat toch moeten opvallen. Het is helemaal onbestaanbaar dat zo'n vrouw weet door te dringen tot het gebouw en vlakbij de studio weet te komen. Er is nog steeds niet alleen dreiging naar mij toe, maar ook naar medewerkers van *RTL Boulevard*. Zij moeten veilig de studio kunnen verlaten, naar hun auto kunnen lopen, zonder dat ze worden lastiggevallen of gevaar lopen. Ik vind het ongepast om naar werkgeversverantwoording te wijzen. (...) Hier is evident iets totaal fout gegaan en dan hoop ik te lezen hoe we dit in de toekomst kunnen voorkomen. Nu was het een verwarde vrouw, morgen is het een verwarde man met een wapen en overmorgen is het een *hitter* van de Mocro-maffia. Bij wijze van spreken. (...) Wat een jaar geleden met Peter is gebeurd, herinneren we ons allemaal nog heel goed. Een week voor zijn dood waren er duidelijke aanwijzingen dat hij werd gevolgd. Er werden geen maatregelen genomen. Tot op de dag van vandaag wordt naar elkaar gewezen wie nou verantwoordelijk was. Laten we in vredesnaam nooit meer in zo'n situatie belanden, lering trekken uit wat er is gebeurd en proberen met elkaar het studiogebouw veiliger te maken. Dat is in ons aller belang.'

40

'HOND JOHN MOET BOETEN'

Glasgow Rangers-PSV in de voorrondes van de *Champions League* komt als een aangename verstrooiing. Even de zinnen verzetten met de belangrijkste bijzaak op aarde. Even niet druk maken over een verwarde vrouw in een studiogebouw, maar over doordringen tot de groepsfase van het Walhalla binnen het Europese voetbal. Eerst de vertwijfeling over de afschuwelijke blunder van doelman Benitéz, dan de euforie over de late gelijkmaker van Obispo. Krachtige kopbal die hoop biedt voor de return een week later en een aangename nachtrust schenkt. De volgende dag is de roes snel weg. Hij heeft een gesprek met de politie om de ontwikkelingen rond zijn beveiliging op een rijtje te zetten. 'We hebben een vervelend bericht voor je', krijgt hij te horen. De twee jaar eerder in zijn Colombiaanse cel aangetroffen cryptotelefoons van Saïd Razzouki zijn eindelijk gekraakt en wat ze te lezen kregen stemt niet vrolijk.

'Hij en zijn bende hadden het ook in de gevangenis op jouw leven gemunt. In whatsappjes zijn ernstige bedreigingen aan jou geuit.'

Van den Heuvel krijgt ze te lezen.

Daarom, die hond John moet boeten. Hij denkt dat hij nu veilig is. Ik hoop dat hij meer beweegt.

Ja broer, echt een vieze hond, maar moet gewoon hard aanpakken. Hoop dat ik wat jaren hier nog ben dan kunnen we ook goed jagen want is te lang stil.

Saïd Razzouki hoopte dus dat hij langer in het Columbiaans huis van bewaring zou blijven en zijn overplaatsing naar de EBI in Vught nog even zou uitblijven, omdat hij daar in Medelin ongestoord via de binnengesmokkelde telefoons zijn dodelijke wraakactie richting John van den Heuvel kon laten uitvoeren. De misdaadverslaggever herinnert zich whatsappjes van advocaat Nico Meijering op de dag dat *De Telegraaf* berichtte over de in Razzouki's cel gevonden mobieltjes. Hij scrolt op zijn i-Phone naar de bewuste digitale conversatie, ingeleid door zijn vraag aan de raadsman of hij wilde reageren op het nieuws. Hij leest:

'Nico, we zetten zo het bericht online dat bij Saïd Razzouki in zijn cel twee telefoons zijn gevonden. Wil jij daar nog op reageren?'

M: 'Nee dank. Erg risicovol om zo'n gratuite vraag erboven te plaatsen want kan ertoe leiden dat hij geheel ten onrechte in verzwaarde isolatie terecht gaat komen.'

VdH: 'Geheel ten onrechte? De beste man heeft twee telefoons in zijn cel. Wat doet-ie daar dan mee? Pizza's bestellen? Maar ik zal je zorgen doorgeven aan de eindredactie.'

M: 'Ik begrijp dat in jullie visie een gedetineerd mens met telefoons twee dingen kan doen: misdrijven plegen of pizza's bestellen.'

VdH: 'Ik begrijp dat in jouw visie telefoons alleen worden gebruikt om met oma te bellen.'

Oma's pizza blijkt in de daadwerkelijke communicatie vanuit de gevangenis dus 'hond-John-die-moet-boeten' te zijn geweest. De reden voor de agressie blijkt uit de gekraakte berichten. Van den Heuvel zou heulen met kroongetuige Nabil B. en met een rivaliserende bende die *de alliantie* wordt genoemd. Hij denkt terug aan een bizar gesprek met Hamza Ziani. Mick van Wely en hij kwamen in contact met deze crimineel. Hij had iets interessants te melden, zei hij telefonisch. Ze spraken af. Dat 'interessante' bleek een bizar voorstel. John werd bedreigd door Ridouan Taghi, met wie *de alliantie* – waar Ziani bij zat – in oorlog was. Konden ze niet samenwerken om Taghi te pakken? Alarmbellen gingen af in het hoofd van de misdaadverslaggever. 'Wat denk je zelf?' zei hij. 'Ik ben journalist, geen crimineel.' Ondertussen had Ziani zijn bendeleider al gebeld. Hij drukte z'n mobieltje in handen van John. 'Hier heb je de grote baas zelf.'

De grote baas... *Dit gesprek wordt opgenomen* spookte door het hoofd van de verslaggever. Uiteraard zag hij dat de bende van Taghi liever vandaag dan morgen werd opgerold, maar het allerlaatste middel daartoe was toch echt mengen in een buitengewoon wrede bendeoorlog. Hij kapte het gesprek onmiddellijk af en vertrok. Kennelijk is zijn ontmoeting met Hamza Ziani uitgelegd als samenwerking. Een half jaar later werd Ziani geliquideerd aan de Costa del Sol.

De link met Nabil B. is ook niet moeilijk te verklaren. Van den Heuvel had – voor een verhaal in *De Telegraaf* – contact met twee zussen van de kroongetuige, die de liquidatie van een onschuldige broer al moesten verwerken en ook zelf voor hun leven moesten vrezen. Wrang, denkt hij, dat zo'n artikel door de bende van Taghi en Razzouki wordt gezien als bewijs dat hij met 'verrader' Nabil B. samenspant. Wrang, omdat juist zijn diepe minachting voor de kroongetuige de aanleiding is geweest voor z'n ruzie met Peter R. de Vries die nooit meer bijgelegd kan worden. 'Deze draaikont verdient jou niet als adviseur', zei hij tegen z'n collega. En nu wordt hij door Razzouki c.s. gezien als partner-in-crime van deze gewetenloze opportunist. De gedachtenkronkels van criminelen zijn ondoorgrondelijk.

Toen Saïd Razzouki in Colombia werd gearresteerd, was John voor een *Dossier Van den Heuvel*-reportage in Thailand. Onderzoek naar de dubbele moord op Pieter en Tae Hoovers – het echtpaar werd dood aangetroffen in z'n appartement aan de Amsterdamse Ceintuurbaan – bracht hem in Azië. De sleutel moest liggen bij Nederlanders in Pattaya. De misdaadverslaggever vloog samen met de zus van Pieter Hoovers naar Bangkok en met de cameraploeg reisden ze van die stad naar de *Bang Kwang* gevangenis bij het toeristenoord. Zij bleef in de auto achter op een parkeerterrein, hij meldde zich aan de poort voor een afspraak met een gedetineerde die meer over de zaak moest kunnen vertellen. 'Ga zo informeel mogelijk gekleed', was hem vooraf geadviseerd. 'Kom je daar keurig in het pak, dan zien ze je aan voor advocaat en wordt het je hartstikke moeilijk gemaakt. Hang de toerist uit!' Dus verscheen Van den Heuvel in T-shirt en korte broek. 'U komt er niet in', kreeg hij te horen. 'Waarom niet?', vroeg de bezoeker. 'Ik heb een afspraak die schriftelijk is bevestigd.' Hij toonde een gewichtig formulier. De cipier keek er niet eens naar. Hij wees naar twee blote benen. 'Geen lange broek, geen toegang.'

Wat te doen? De afspraak zou maximaal twintig minuten mogen duren en de tijd ging nu in. Hij rende naar de auto, roepend: 'Ik heb onmiddellijk een lange broek nodig'. De zus van Pieter Hoovers trok subiet die van haar uit. Zo'n dunne met fladderende wijde pijpen uit het sprookje van Duizend-en-één-nacht. Zat hij daar, in die broek. Tussen tientallen schreeuwende mannen en de gedetineerde-met-de-informatie aan de andere kant van het glas.

Terug in Bangkok liep hij over straat toen het telefoontje van het Openbaar Ministerie kwam: Razzouki is opgepakt. 'Fijn voor je', werd er bij verteld. Een half uur later zou het persbericht over de arrestatie de deur uit gaan. Van den Heuvel sprong in een *tuktuk* en belde – stuiterend door de verkeerschaos – met de redactie van *De Telegraaf*. 'Gooi er alvast maar een pushbericht uit en een nieuwsbericht op de site.' Terwijl hij op z'n hotelkamer het grote verhaal zat te tikken, braakte zijn mobieltje het ene na het andere felicitatiebericht uit. 'Anderen zijn blijer dan ik', mompelde hij in zichzelf.

Alleen bij de arrestatie van Ridouan Taghi, een paar maanden eerder – december 2019 – in Dubai, voelde hij iets van euforie. 'We hebben hem!', sprak z'n contactpersoon en Van den Heuvel voelde een rilling over z'n ruggengraat. Maar dat had vooral ook te maken met het beeld dat in zijn hoofd zat over het *dolce vita*-leven van de bendeleider. Mick van Wely en hij brachten als eerste het nieuws dat Taghi in de luxe parel van de Verenigde Arabische Emiraten verbleef en sindsdien gonsde door de hersenpan van de journalist: *ik leef met de meest extreme bewaking en hij zet in een decor van extreme luxe de bloemetjes buiten*. Dat gevoel werd nog sterker toen het gerucht de ronde deed dat Taghi regelmatig vanuit Dubai op en neer ging naar het decadente vakantie-eiland Kish voor de kust van Iran. Het beeld bleek niet te kloppen: 's lands meest gezochte crimineel kwam tijdens zijn laatste periode in vrijheid zelden nog naar buiten.

Neerlands meest gezochte crimineel was noodgedwongen kluizenaar geworden om nog even uit de klauwen van het gezag te kunnen blijven.

Nog treuriger waren de laatste maanden voor zijn arrestatie van Saïd Razzouki.

De Colombiaanse politie had informatie dat hij af en toe drie moskeeën bezocht en ging maandenlang bij de godshuizen posten totdat ze beet had. *Hoe is die operatie verlopen?* wilde de misdaadverslaggever weten en hij reisde met een cameraploeg naar Zuid-Amerika.

Bizarre gedachte, achteraf. Stond John van den Heuvel met een microfoon in zijn hand voor de gevangenispoort in Medelin, zat een paar meter verderop aan de andere kant van de muur Saïd Razzouki met een mobieltje in zijn hand berichten te tikken hoe zijn bende John van den Heuvel uit de weg kon ruimen. Razzouki sleet zijn laatste maanden in vrijheid binnen de naargeestige muren van een vervuild en stinkend appartement, waarin je tegen de rook van sigaretten kon aanleunen. Het team van de Colombiaanse politie was vanuit één van de geobserveerde moskeeën een 'oud' kromlopend mannetje met baard, petje en zonnebril gevolgd die opviel omdat hij telkens al na een half uurtje wegliep bij de preek van de imam. Ze volgden z'n taxi en dokterden minutieus uit in welk appartement de als een zwerver uitgedoste man moest wonen binnen het grote complex waar hij werd afgezet.

In één flatje bleef het ook 's avonds opvallend donker, afgezien van een zaklantaarn die af en toe oplichtte. Toen de mysterieuze bewoner op het balkon z'n natte wasgoed ophing, was het bingo. Een drone maakte de foto die hem ontmaskerde als de gezochte crimineel Saïd Razzouki. Tijdens de arrestatie probeerde hij nog te vluchten door een open raam, maar één been bleef hangen achter een balk en hij klapte met z'n gezicht op straat. Licht gewond werd hij afgevoerd. In het vervallen appartement werd een tas met 38 miljoen Colombiaanse pesos gevonden, omgerekend 13.000 euro. Een fooitje voor een drugsbaas van zijn kaliber. Z'n koelkast was louter gevuld met yoghurt en groente. Een leven zonder weelde. Kon hij alvast een beetje wennen aan een verblijf achter tralies, waar hij dankzij een corrupt gevangenissysteem z'n criminele activiteiten voortzette.

De binnengesmokkelde PGP-telefoons zijn nu dus eindelijk gekraakt, de berichten confronterend voor de man die er het lijdend voorwerp in is. Erg onder de indruk is John van den Heuvel niet. Het is 't natuurlijke afweermechanisme van een misdaadjournalist die zichzelf heeft geleerd om zo min mogelijk emoties toe te laten. Tijdens het gesprek met de politie daalt de strekking van de appjes nog helemaal niet in. Pas in de wagen van de DKDB dringen de bedreigingen enigszins tot hem door. 'Lekker weer dit', verzucht hij nuchter.

Z'n omgeving reageert lief en geschrokken, hij merkt dat vijf jaar extreme beveiliging zijn gevoelsleven heeft afgestompt. Een goede vriendin lucht haar hart via whatsapp.

Wat een kutzooi. Vies vuil smerig tuig. Ongedierte.

'Daar is geen woord Frans bij', antwoordt hij.

41

INSTEKEN OP EEN OUDE MAN

Even voor het nieuws over de dreigappjes van Razzouki was er een ander minder vrolijk bericht: Salmon Rushdie neergestoken.

'Ik heb daar slecht van geslapen. Een man van 75 jaar die in New York tijdens de nadagen van z'n leven nog wat rust dacht te vinden. Ik had net een interview met zijn uitgever gelezen. Over de eeuwige strijd van de schrijver met de beveiliging. Over zijn behoefte aan vrijheid. Na al die jaren van extreme bewaking dacht hij eindelijk weer een beetje te kunnen bewegen.'

Een doelwit dat beweegt, daar zat Razzouki in zijn Colombiaanse cel ook op te wachten.

'Ja, het kan altijd een zaak van de lange adem zijn. Dat heeft Rushdie kennelijk onderschat. Komt er tijdens een slecht beveiligde lezing in New York zo'n idioot op je af en steekt je in arm, oog, nek en nier. Ik las het en dacht ook aan mezelf: *kom je er dan nooit af?* Ik realiseerde me dat de nieuwe generatie nog nooit van de islamitische vogelvrijverklaring van Salmon Rushdie heeft gehoord. Zo lang zit die man al in de shit. Het is menselijk dat je na zoveel jaren gaat verslappen. De discipline vasthouden is het moeilijkste wat er is. En daar speculeren bendes en terroristen op. Ik heb het bij veel liquidaties gezien: de slachtoffers hadden de discipline, de noodzakelijke voorzichtigheid, beetje bij beetje laten varen. En ik héb er veel om me heen weg zien vallen. Door mijn werk zijn in mijn directe omgeving meer mensen aan hun einde gekomen door een kogel dan door een natuurlijke dood.'

42

OOG IN OOG MET DE WANHOOP

Met een steen in z'n maag tikt hij de kop boven z'n verhaal. *'Euthanasie is mijn enige hoop'.* Citaat van het 18-jarige meisje Mirthe, vier jaar geleden misbruikt door een dorpsgenoot en daardoor geestelijk zo diep weggezonken dat ze het leven niet meer ziet zitten en vol overtuiging een officiële euthanasie-aanvraag heeft ingediend. John van den Heuvel huivert. Een tiener die dood wil, terwijl hij dagelijks wordt omringd door beveiligers die hem proberen te behoeden voor de dood. Bizar.

Gisteren twijfelde hij nog of hij het interview moest maken. Hij had afgesproken met Mirthe en haar ouders Hans en Olga, bij hen thuis in Drenthe. Mirthe wilde praten, maar in zijn hoofd bleef het spoken: moet ik dit wel doen? Stel dat het verhaal verkeerd uitpakt en dat het meisje nog verder de vernieling in wordt geholpen, omdat er vervelende reacties loskomen. Hij heeft zich vanmorgen toch naar het noorden laten rijden. 'Zo verder leven is voor mij geen optie', zei ze tegen hem. 'Het geestelijk lijden, de stemmen in mijn hoofd, 't put me uit.'

De vijftienjarige dorpsgenoot is niet vervolgd. Te weinig bewijzen en bovendien had Hans in zijn vaderlijke woede zelf al onderzoek gedaan en getuigen gehoord, waardoor niet alle betrokkenen uit eigen wetenschap konden verklaren. De zaak werd geseponeerd en Mirthe kwam in een geestelijke vrije val terecht. En tijdelijk in een opvang. Daar beleefde ze opnieuw een traumatische ervaring: een 60-jarige 'hulpverlener' drong zich aan haar op, kroop bij haar in bed. Er volgde nog een derde drama, toen de vader van de dorpsgenoot haar ouderlijk huis binnenstormde en op vader Hans begon in te slaan.

Ze luisterde naar de stemmen in haar hoofd en probeerde herhaaldelijk een einde aan haar leven te maken. 'Tijdje geleden', zei ze tegen John van den Heuvel, 'ben ik in zo'n fatalistische bui 's nachts een snelweg opgelopen. De politie heeft me er vanaf gehaald.' Ze vond het leven ondraaglijk. 'Ik wil niet dat mijn ouders of andere mensen me straks vinden als ik mezelf iets heb aangedaan. Het euthanasietraject is nu mijn enige hoop. Ik ben 18, nu mag het. Nu hoef ik niet voor een trein te springen of me te verhangen, want dat trauma wil ik m'n ouders en een treinmachinist niet aandoen.'

Op de achterbank van de DKDB-wagen tikte Van den Heuvel de openingszinnen van het verhaal.

Vier jaar eerder sprak hij Hans voor het eerst. De vader had contact gezocht met Hennie Huisman. Van den Heuvel kent de oude showmaster redelijk goed. Zijn dochter was in een loverboy-situatie terechtgekomen en hij had het verdriet van een mentaal gebroken dochter dus zelf meegemaakt. De misdaadverslaggever kon iets voor hem doen, ze hielden contact. 'Je moet John bellen', zei Hennie Huisman tegen vader Hans. Dat deed hij. De journalist probeerde bij politie en justitie druk op de zaak te krijgen.

'Niet goed', zei vader Hans toen John recent weer eens belde om te vragen hoe het met Mirthe ging. 'Ze is 18 geworden, heeft als volwassene een euthanasieverzoek ingediend en gaat gemotiveerd het traject in. We zijn er helemaal kapot van, maar we moeten haar wil respecteren.'

Van den Heuvel werd misselijk bij de gedachte. Dacht: *shit, dat mag toch niet gebeuren... Een 18-jarig meisje doodspuiten omdat er geen enkele oplossing voor haar wordt gevonden.* Hij vroeg of het goed was als hij naar Drenthe kwam. Mirthe wilde wel met hem praten. Maar toen was er het besef: wat moet ik zeggen? Wat zijn de juiste woorden? Hij vroeg of Mariëtte meeging, zij komt uit het onderwijs, is pedagogisch beter onderlegd. Ze hebben een avond lang bij het meisje gezeten, het klikte wonderwel. 'We komen niet om te oordelen', zeiden ze tegen haar. 'We komen alleen naar jouw verhaal luisteren'. Hans vroeg al eerder: kun je ons helpen om dit verhaal naar buiten te brengen? Van den Heuvel had z'n bedenkingen. Zei tegen Hans: 'Publiciteit is een heel machtig middel, maar je kunt het maar één keer gebruiken. Als je 't middel inzet, het pakt averechts uit en zorginstellingen zetten hun hakken in het zand... Dat ze nergens meer geplaatst kan worden, omdat ze even met de pers is gaan praten... Als je het doet, moet je helder voor ogen hebben wat je wilt bereiken. En alles moet in overleg met Mirthe.' Ze wilde in het begin geen interview geven en zolang dat zo bleef, stond het voor Van den Heuvel vast: niks mee doen in *De Telegraaf.*

En toen was er dat meest recente alarmerende telefoongesprek met Hans. 'Mirthe wil nu wel in de krant', zei de vader. Van den Heuvel besloot om eerst een column over het drama te schrijven, zonder Mirthe bij naam te noemen. Een lawine van positieve reacties was het gevolg. Hij zat voor overleg bij Justitie-minister Yeşilgöz. 'Wat ís dat voor een verhaal?', zei ze tegen hem. 'Moet je eens goed kijken binnen je eigen organisatie', antwoordde hij. 'Deze zaak is bekend bij politie, OM en zorginstellingen.' Yeşilgöz heeft er tijdens haar vakantie nog contact over opgenomen met haar ministerie en dat van volksgezondheid. De reacties gaven Van den Heuvel het laatste zetje: dat interview moet er komen. Hij leest het, inmiddels thuis achter z'n bureau, nog één keer door. Drukt dan op de knop *verzenden*. Morgen staat het in de krant.

43

HARTVERWARMENDE STEUN

Hoe waren de reacties op dat artikel?

'Heb ik in 32 jaar journalistiek nog nooit meegemaakt. Meer dan 10.000 reacties, waarvan 99 procent steunbetuigingen. Berichten ook van mensen die soortgelijke drama's hadden meegemaakt. Velen boden hulp aan. Was voor Mirthe en haar ouders hartverwarmend. En een wake up call voor alle instanties die erbij betrokken zijn: hier móeten we echt wat mee doen.'

Hij toont twee foto's. Mirthe met Daphne Bunskoek, met z'n allen aan de desk van *RTL Boulevard*.

'Ik heb Mirthe en haar ouders meegenomen naar een opname in de studio. Vond ze fantastisch. Kijk, die lach op haar gezicht. Ze heeft inmiddels via de stichting *Hulphond* en *Domingo House* een op maat gemaakte therapie. Op voorwaarde dat ze het ingezette euthanasietraject zou stoppen. Moest ze – om de gewenste hulphond te kunnen krijgen – een contract voor tekenen. Als signaal. Ze heeft er duizenden volgers op Instagram bij. Zegt nu: 'Ik wil m'n ervaringen graag delen met andere mensen. Doen wat anderen bij mij hebben gedaan: een hart onder de riem steken. Maar ze hoort nog altijd die afschuwelijke stemmen. Er is nog een lange weg te gaan.'

44

BÍJNA MEDELIJDEN MET DIE POOL

'Zo'n dag die je met lood in de schoenen begint…' Het is nog vroeg als hij in de keuken met uitzicht op veel groen een cappuccino zet. 't Snerpende geluid van bonen die gemalen worden verdrijven de stilte van de ochtend. Straks het vervolg van de rechtszaak tegen de verdachten in de moordzaak van Peter R. de Vries… John van den Heuvel kijkt er bepaald niet naar uit. 'Ik vind dat ik erbij moet zijn, 't voelt als morele plicht, maar van harte gaat het niet', zegt hij, roerend in zijn kopje.

Het is toch al niet zijn dag. Gisteren zat hij nog in Zweden, voor z'n tv-programma *Ontvoerd*. Hij nam een eerdere vlucht – tikte er 350 euro extra voor af – om op tijd thuis te zijn voor PSV-Glasgow Rangers, de returnwedstrijd in de voorrondes van de *Champions League*. Diepe zucht. 'Heb ik behoorlijk spijt van. Wat een afschuwelijke wedstrijd.' Hij was bloednerveus, de PSV'ers zo mogelijk nog zenuwachtiger. Die afschuwelijke blunder van Ramalho. De uitschakeling. 'Ik ben er beroerd van.'

In de auto op weg naar rechtbank Amsterdam aan de Parnassusweg wordt hij gebeld door collega Mick van Wely. Over een misdaadverhaal met haken en ogen. 'Ga jij morgenmiddag nog naar het afscheid van onze collega's?', vraagt John hem.

'Nee, de beveiliging heeft niet genoeg mensen, dus ik moet thuisblijven', zegt Van Wely.

'Dan pikken wij jou wel op.'

'Kan dat?'

'Waarom niet?'

'Ik overleg even met m'n beveiligers.'

Even later belt Van Wely terug.

'Ze zijn akkoord op voorwaarde dat wij dicht bij elkaar blijven.'

'Doen we', zegt Van den Heuvel.

Als het gerechtsgebouw in zicht komt, wordt het gaspedaal dieper ingedrukt, voordat de DKDB-wagen de parkeergarage induikt en met links en rechts bewakers tot stilstand komt. Door een betonnen doolhof bereiken we de gang die naar de rechtszaal leidt. Eén van de beveiligers wijst naar een deur links. 'Als je wilt kun je in dit kamertje wachten', zegt hij. Van den Heuvel schudt zijn hoofd. Hij zit al vaak genoeg afgezonderd. Als het geen absolute noodzaak is, dan alsjeblieft niet. Even later staat hij tussen collega's wachtend tot de deur opengaat. De zaal is nieuw en steriel. Twee immense foto's aan de muur doen een vergeefse poging om voor een beetje sfeer te zorgen. De één toont door ochtendlicht beschenen water, de ander het vijf meter hoge beeld dat buiten voor de deur staat.

Het kunstwerk *Love or generosity* – liefde of vrijgevigheid – van de Amerikaanse Nicole Eisenman. Een voorover gebogen reus. Moet de poortwachter van de rechtbank voorstellen, maar dan wel één van het zalvende soort. Geen bewaker, maar een zachtaardig persoon die even ontspanning en troost biedt. Niet echt naadloos aansluitend dus bij de harde realiteit van vandaag: journalisten die omgeven door beveiligers hun werk moeten doen in een moordzaak rond een misdaadverslaggever die op straat uit het leven is geknald net nadat hij z'n werk had gedaan. Weinig ontspanning, weinig troost.

En ook weinig vrolijkheid als meteen al blijkt dat 't vanwege een nieuwe getuige vertraagde proces mogelijk compleet opnieuw moet, omdat één van de rechters ondertussen is geëmigreerd. 'De hele ellende van voren af aan, omdat die mevrouw inmiddels negen vlieguren verderop zit, je verzint het toch niet', mompelt John van den Heuvel. Zijn humeur wordt er niet beter op als de Poolse verdachte Kamil E. bij monde van zijn advocaat laat weten geschokt te zijn door de woordkeuze van het O.M. tijdens een vorige zitting. Er was in het onderzoek een tweede Pool opgedoken. En een derde. 'Komt er weer een Pool uit de lucht vallen', had een officier van justitie gezegd. 'Respectloos tegenover mijn cliënt', vindt de raadsvrouw. Over de afgeluisterde gesprekken die bewijsmateriaal tegen haar verdachte hadden opgeleverd zegt ze: 'Wie heeft de relevantie daarvan beoordeeld? Dat wil ik graag weten.'

Gesteggel over en weer, woordspelletjes in het teken van de wet. Een officier van justitie die de beschuldiging van de advocaat dat het OM kaarten tegen de borst houdt 'onterecht' noemt. Dialogen over een regiezitting die op een regiezitting zou moeten volgen, waarna er mogelijk nog een regiezitting zou moeten komen. En dan de misdaadverslaggever als passieve toehoorder in dit decor… Het heeft iets surrealistisch. Van den Heuvel als vleesgeworden stoelvulling in een zaak die zich voortsleept als een slak met Parkinson. Alsof een dynamische sterveling zijn bruisend aards bestaan even moet onderbreken voor een bezoek aan oma in bejaardencentrum De Laatste Snik. Hij blijft er ogenschijnlijk stoïcijns onder. In zijn hand z'n mobieltje dat hij af en toe wisselt met dat van Mick van Wely, zodat ze elkaars berichten kunnen lezen. Een paar rijen voor hem zit Tahmina Akefi, de vriendin van Peter R. de Vries. Tien meter naar links zitten diens ex-vrouw Jacqueline, dochter Kelly en zoon Royce.

Hij heeft helemaal niks met de moord te maken, verklaart de Poolse verdachte. 'Ik zit al een jaar vast, de zaak zou allang afgelopen moeten zijn. Ik wil terug naar mijn gezin. Naar m'n kinderen toe. Sinds acht maanden zitten ze in een moeilijke situatie. M'n vrouw is ziek thuis met ons dochtertje van een jaar. Ze hebben geen geld.'

Van den Heuvel zucht. 'Je zou er bíjna geëmotioneerd van raken.'

'En dat terwijl de bewijzen tegen deze knapen toch niet echt kinderachtig zijn', voegt hij er fijntjes aan toe. Delano G, van Arubaanse afkomst, voormalig rapper onder de artiestennaam *Demper* in 101Barz, platform onder de paraplu van BNNVARA. De Poolse – in eigen land gezochte – veelpleger Kamil Pawel E. die al weken voor de moord het gebied rond het Leidseplein bij herhaling aan het verkennen was, aangetoond door camerabeelden. Kamil E. die op de 6e juli van 2021 de gestolen Renault Kadjar op een invalidenplek op de Prinsengracht parkeerde en met Delano G. naar de achteruitgang van de *RTL Boulevard*-studio liep. Kamil E. die rondjes reed in de Renault tot Delano G. zijn smerige klus had geklaard. De Google Pixel-telefoon die tijdens hun aanhouding in de auto werd gevonden en die bewijsmateriaal bleef braken. Duidelijke taal sprekende chats. De anonieme opdrachtgever die om 19.37 's avonds appt:

'Zeg tegen die persoon hij is er.'

Nadat hij twee foto's van Peter R. de Vries heeft gestuurd: 'Zo ziet-ie eruit. Zeg tegen die Pool hij moet je alles laten zien.'

'Doe je werk goed. Aub verpest niet.' Doelend op het moordwapen: 'Helemaal leeg.'

De reactie van Delano G.: 'Bro, ik schiet die kk-ding helemaal leeg. Ik laat hem als een sletje achter. I love this.'

De opdrachtgever: 'Knal op zijn hoofd.'

Delano G: 'Ja, man, KKK hard.'

De opdrachtgever oppert – om niets aan het toeval over te laten – de liquidatie als duo uit te voeren, maar Delano G. wil het per se alleen doen.

'Ik doe 'm solo, bro. Ik finish dit.'

En dan de misselijkmakende euforie achteraf.

'Dwars door die KK's hoofd. Hij is dood. KK dood. Bro, die kogel ging dwars door zijn hoofd. Alle spoot. KK mooi. Die bloed. Iedereen gillen.'

Het vloekt nogal met het beeld van deze ochtend in de rechtszaal. De lege stoel van Delano G. die weer verstek laat gaan. En de 'zielige' Pool, die zich wanhopig afvraagt hoe het nu moet met zijn zieke vrouw en zijn gezinnetje. 'Dat had hij beter kunnen bedenken voordat hij in die gestolen auto stapte om Peter af te laten slachten', zegt Van den Heuvel. Hij zou een slechte rechtbankverslaggever zijn, gelooft hij. 'Omdat ik geen zitvlees heb, maar vooral omdat ik me kapot zou ergeren aan de schijnheiligheid van die types. Blijven volhouden dat je de onschuld zelve bent, terwijl het OM kan kwartetten met het bewijsmateriaal.'

Na de zitting drinken we koffie aan een tafeltje naast de rechtszaal. Links en rechts verdringen zich cameraploegen. 'Het lijkt wel circus', zegt Van den Heuvel. Een kwartier later staan we met drie beveiligers stil in de betonnen spelonken, ter hoogte van een trappengat. De deur richting parkeergarage moet nog even gesloten blijven. 'We staan beneden in de *hold*', roept een beveiliger in zijn microfoontje. Op de terugweg ergens op de A1 zegt de misdaadverslaggever, terugkijkend op weer een tamelijk verloren ochtend: 'En toch wil je erbij zijn. De betrokkenheid blijft groot.'

45

RETOURTJE ANTWERPEN

Onderweg naar Antwerpen voor een tv-programma waarvan hij de naam nog niet weet en ook niet op welke zender het wordt uitgezonden, maar dat – op zeker – wordt gepresenteerd door Gert Verhulst, komt hij uit het niets met een tamelijk schokkende opmerking. Achteloos. Van het soort: *oh ja, vergeet ik bijna te vertellen, ons huis is afgebrand.* Hij is gebeld door mensen van Justitie, die het ook niet helemaal lekker vinden gaan in 's lands meest beveiligde gevangenis te Vught, die we hier en nu op eerbiedwaardige afstand rechts passeren. De EBI – Extra Beveiligde Inrichting – het huisadres van Ridouan Taghi. 'Er is me verteld', zegt John van den Heuvel, 'dat Taghi nauw contact heeft met Mohammed Bouyeri, de moordenaar van Theo van Gogh.'

De moslimextremist zou zelfs voor de peetvader van de Mocro-maffia hebben gekookt en – toen de hechte band tussen beide heren begon te wringen – zijn overgeplaatst. We rijden langs Breda, het eerste regenwater sinds weken slaat tegen de voorruit. 'God zij dank zijn er bij Justitie nog mensen die zich zorgen maken over dit soort ontwikkelingen en mij op de hoogte houden', zegt Van den Heuvel. Met informatie over Taghi, die zich ontpopt als een vrome volgeling van Allah en wekelijks in de gevangenis lange gesprekken voert met een imam. Ridouan Taghi, die Mohammed Bouyeri – na diens overplaatsing – teksten stuurt uit de Koran.

'Mijn informanten vermoeden – ze zijn er zelfs van overtuigd – dat in die teksten gecodeerde boodschappen zijn verwerkt.' De misdaadverslaggever leest vanaf het schermpje op zijn onafscheidelijke mobieltje een bericht voor. De DKDB-wagen neemt de afslag richting Antwerpen.

Hallo John, we kunnen je meer informatie geven over de manier waarop Taghi nog steeds de mazen van de wet weet te vinden. Verontrustend volgens ons is zijn zoektocht naar aansluiting bij de jihadbeweging van Mohammed Bouyeri, met wie hij gewoon kan schrijven. Zodanig gecodeerd dat je er weinig wijs uit kunt worden. We vrezen dat hij boodschappen doorgeeft via Koranverzen. Onze collega die er bovenop zit maakt zich grote zorgen.

'Die mannen lopen tegen een muur aan en hopen via mij dat de situatie verbetert', zegt Van den Heuvel. 'Ik heb Weerwind inmiddels gesproken over de band tussen Taghi en Bouyeri.' Hij legt z'n telefoon voorzichtig op de brede leuning tussen de achterstoelen van de auto. Binnen handbereik, zoals altijd. 'Geen beroerde kerel, die Weerwind, maar ook hij loopt tegen muren aan. Tijdje geleden zei hij tegen me: 'Ik zit met een groot probleem, want ik kom 400 miljoen euro tekort op mijn begroting.' Na het Telegraaf-verhaal over het e-mail-verkeer uit de EBI en het gesprek dat Van den Heuvel daarop met hem voerde, heeft de minister ingegrepen. 'Hij wíl wel. Dilan Yeşilgöz ook. In mijn ogen zit voor het eerst in jaren een minister op Justitie die het echt begrijpt.'

Nu dus weer de *religieuze* briefwisseling van een moordende crimineel en een moordende moslimextremist. John van den Heuvel grijnst cynisch. 'Een man als Taghi vindt voor zijn misdaden kennelijk gedeeltelijk rechtvaardiging in de Koran. Christenen, drugsgebruikers, ongelovigen… Verderfelijke wezens die je mag vermoorden. Er zijn ook gevangenen die met een dominee of een pastoor spreken, maar ik denk niet dat die geestelijken moordpartijen goedpraten uit de naam van God. Zodra iemand het verhaal van de Koranverzen wil bevestigen, zet ik 't in de krant.'

Hij buigt naar voren. Vraagt aan de beveiliger op de bijrijdersstoel: 'Weten jullie of we bij de grens worden opgewacht door Belgische politiemensen?'

'Nee, dit keer niet', krijgt hij als antwoord. 'We zijn vandaag gevrijwaard om door België te rijden.' De ruitenwissers vegen sloom over de voorruit.

'Taghi is intelligent', zegt Van den Heuvel. 'Maar ook gevaarlijk gek. Hij weet dat hij levenslang krijgt, hij weet dat het einde verhaal is. VVD-Kamerlid Ulysse Ellian noemt hij badinerend 'die Iraanse junk'. Bewust zo vals neergezet, want een drugsverslaafde is in zijn ogen een minderwaardig mens. Zo zien Marokkaanse drugshandelaren de mensen door wie ze stinkend rijk worden. Als afval. Daar halen ze rechtvaardiging voor hun daden uit. Anders valt niet te verklaren dat je als meervoudig moordenaar iedere week met een imam praat.'

De stilte die volgt duurt niet lang. Mick van Wely belt. Over de *campingmaffia*. Naar aanleiding van verhalen in *De Telegraaf* over dat onderwerp zijn door de SP-Kamerleden Van Nispen en Beckerman vragen gesteld aan Dilan Yeşilgöz. Haar antwoorden zijn net binnengekomen. 'Ik stuur ze naar jou door', zegt Van Wely. 'Ik ga lezen', antwoordt Van den Heuvel. Het zorgt voor een minutenlang zwijgen op de achterbank. De antwoorden zijn kennelijk nogal uitgebreid. De misdaadverslaggever – inmiddels op Belgisch grondgebied – nadenkend over hoe de woorden van een minister kunnen worden verwerkt als nieuwsbericht in een

Nederlandse krant. Om vervolgens live op de Belgische televisie aan tafel bij de Joop van den Ende van Vlaanderen te praten over Nederlandse criminelen die de haven van Antwerpen overspoelen.

Van den Heuvel had een paar jaar geleden nog geen idee dat hij ook hier een bekende kop heeft gekregen. Soms – als hij even geen zin had om met z'n beveiligers op Schiphol in het oog te lopen – vloog hij voor reportages in het buitenland vanaf de luchthaven van Antwerpen. Totdat ze hem ook daar herkenden. De reden: zijn programma *Ontvoerd* was gekocht door een Vlaamse zender en begon wortel te schieten. Net als later *Op De Vlucht* en *Vermoord In Het Buitenland*. Een Belgische streamingsdienst zendt *De Jacht Op De Mocro Maffia* uit. Sindsdien wordt hij regelmatig gebeld: *wij kennen niet zo'n misdaadverslaggever als u, kunt u ons helpen?* Hij heeft een zwak voor het land, vooral ook door Luc Nilis, zijn held uit vervlogen PSV-tijden. Was een gênant moment toen ze elkaar tegenkwamen bij een concert van Guus Meeuwis. De verstokte PSV-fan tegenover zijn idool, de stilist met z'n wonderschone techniek, de meest scorende spits uit de clubgeschiedenis. 'Leuk om je te ontmoeten', stamelde Van den Heuvel. De reactie van de Belg verblufte hem. 'Ik zal je eerlijk vertellen, John, ik heb dit nog nooit in mijn leven gezegd, maar nu doe ik het: mag ik met je op de foto?' Het gevoel dat hij in de maling werd genomen verdween pas minuten nadat het kiekje was genomen.

Hij heeft twee keer een Belgische ontvoeringszaak gedaan. RTL heeft liever Nederlanders, maar als het schrijnende zaken zijn met Nederlands sprekende Belgen… 'Ik ga nog net zo vaak op reis als voordat ik extreem werd bewaakt', zegt Van den Heuvel. Het vraagt vooral meer van de mensen om hem heen; zijn werk is niet wezenlijk veranderd. 'Het beveiligingsniveau in het buitenland is net zo hoog als in Nederland. In sommige gevallen zelfs hoger. Gevolg is dat we er tijdens het maken van de programma's niks van merken. Nee, ik kan niet uitleggen hoe de strategie werkt. Ga de criminelen niet wijzer maken dan ze al zijn.'

Een programma als *Ontvoerd* is ook zonder extreme beveiliging al een chronisch spanningsveld, waarin geheime operaties noodzakelijk zijn om het doel te bereiken. Hij is opgepakt in Mexico en Nigeria, kwam – om vier kinderen terug te krijgen – in een Marokkaans dorpje in een veldslag terecht. Met zo'n scenario zit je niet te wachten op ook nog beveiligingsheisa er omheen, maar Van den Heuvel klaagt niet. 'We redden ons prima, zonder dat er concessies worden gedaan aan de veiligheid.' Zoals laatst, tijdens wat hij ziet als de meest hectische reis binnen zijn lustrum onder de beschermende vleugels van de DKDB. Tripje naar Agri, Turkije. Een moslimextremist had vanuit Nederland zijn vier kinderen ontvoerd, z'n Hollandse vrouw in wanhoop achterlatend. Die kinderen waren min of meer gevangenen in zijn Turkse huis, terwijl hij hele dagen lang zat te bidden tot Allah.

'Agri ligt aan de Syrische grens, er waren net Russische bombardementen geweest, dus iedereen stond op scherp toen wij daar met een Nederlandse cameraploeg aan kwamen zetten. Maar we hadden gelukkig een goede Turks-Nederlandse *fixer*. Hij bracht ons in contact met twee Turkse rechercheurs die bereid waren om te helpen. Ze vonden het zelf ook allemaal buitengewoon schrijnend: de foute vader met die vier opgesloten kinderen. Ze zagen hem er bovendien toe in staat om aanslagen te plegen. We kregen bij een Turkse rechter de uitspraak los dat de kinderen uit het huis moesten. De vader werd opgepakt, maar had net daarvoor de kinderen bij familie afgegeven. Dus wij moesten uitzoeken waar ze waren.'

‘Wacht even…’ Van den Heuvel tikt een beveiliger op z’n schouder. ‘Willen jullie meteen na de uitzending van vanavond weg?’

‘Dat is voor ons wel het veiligst’, zegt de DKDB’er. ‘Als jij nog even wilt napraten, prima. Maar liever niet te lang. We moeten niet langer in de studio blijven dan nodig is.’

‘Nee, prima’, zegt Van den Heuvel. ‘Meteen weg.’ Gekscherend: ‘En daarna even lekker stappen in Antwerpen, toch?’

De beveiligers reageren niet.

We waren in Agri.

‘Ja, de Turkse politie probeerde informatie los te krijgen uit die vader, maar de man zweeg. Ze hebben hem vrijgelaten, wij zijn hem gevolgd. Dodemansrit door Agri. We zagen hoe hij de kinderen ergens oppikte en ze naar een ander familielid bracht om vervolgens te vertrekken. Wij de politie gewaarschuwd. We wisten niet precies in welk appartement hij de kinderen had afgezet, dus de politiemensen belden overal aan, totdat ze de goede deur hadden.’

Naast Van den Heuvel snerpt z’n mobiel. Van Wely. Tijd voor overleg. ‘Ja, ik heb het gelezen. Als we het een beetje opleuken met wat we al hebben gebracht over die *campingmaffia* kunnen we er wel 350 woorden voor de krant van maken.’

De kinderen waren dus gevonden.

‘Ja, maar nog niet veilig. De moeder nam twee van hen mee en de andere twee droeg ik in mijn armen. We waren net buiten toen de vader aan kwam rijden. Werd duwen en trekken. Schreeuwende familie, de hele straat vol mensen. De politie stond erbij en keek ernaar. Wij drukten de kinderen in een auto en gaven gas richting vliegveld. Toen we door de security waren, was er eindelijk iets van opluchting. *Hè hè, we zijn veilig, nu snel dat vliegtuig in.* Kwam op dat moment die vader aanrennen, *aluah akbar* roepend. Ik dacht: die trekt zo aan een koordje en dan vliegen we allemaal de lucht in. De security dook op hem. Stak hij een verhaal af dat wíj de ontvoerders waren, dus iedereen daar in verwarring: wat is hier aan de hand? Dankzij de *fixer* en de beveiligers konden we toch naar huis vliegen. Kregen we later de tip dat de auto van de vader in Bulgarije was gesignaleerd, dus ongetwijfeld naar Nederland kwam. Meteen de politie ingeschakeld. De man is met een Europees arrestatiebevel in Bulgarije opgepakt en naar Nederland overgebracht. Hij kreeg vijf jaar gevangenisstraf. Binnenkort komt hij vrij.'

Wij rijden over de ring van Antwerpen langs het Sportpaleis richting centrum. De vorige keer dat Van den Heuvel gast was bij Gert Verhulst waren Corrie Konings en Frank Lammers er ook. 'Ging die Gert – aardige kerel trouwens – nog een lied zingen. Het ging allemaal wat frivoler dan in Nederland. Geen idee wat ik nu moet verwachten. Lammers – ook een PSV-supporter – vertelde daar hoe hij oog in oog had gestaan met Janus van Weezenbeek, Eindhovens meest beruchte drugshandelaar. Hij speelde die man in de serie Undercover. 'Ge speult mij', zei Janus. 'Ge het mijn verhaal gejat'. Hij wilde geld zien, hahaha.'

De chauffeur stuurt de bolide behendig door een vervallen poort, met daarachter een binnenplaats waar je moeiteloos een drugsdealscène van Undercover zou kunnen opnemen. We zijn bij de achteringang van *Zuiderkroon*, voormalig theater en nu studio van productiebureau Dedsit, dat programma's maakt voor de zender Play4, onderdeel van SBS6. De praatshow van Gert Verhulst blijkt *De Tafel Van 4* te heten en beleeft vanavond z'n vuurdoop: de allereerste aflevering, in een aangenaam kneuterig decor zonder poeha en glamour. Een laag John de Mol-gehalte, met een kantine vol formica-tafels. De daghap is rijst met kip, maar als

John van den Heuvel binnenstapt zijn de etensbakken nagenoeg leeg. 'Er wordt nieuwe gehaald', zegt een redacteur. De beveiligers nemen geen enkel risico en één van hen haalt pizza's op de hoek.

Zoals Van den Heuvel niet wist in welk programma hij zou verschijnen, zo weten de kijkers niet dat hij komt. 'Onze derde gast van vanavond konden we niet vooraf bij u aankondigen, omdat zijn komst tot het laatste moment geheim moest blijven', zegt Verhulst – tevens uitbater van de K3-kindervreugdfabriek. In z'n aankondiging van de gast vertelt de presentator over de Nederlandse toestanden in de haven van Antwerpen. Schietpartijen, afrekeningen, oorlog van drugsbendes. Als troost voor zijn kijkers meldt hij dat 't allemaal nog veel erger kan. 'Hoef je alleen maar voor naar Nederland te kijken. Waar journalist John van den Heuvel extreme beveiliging heeft en waar Peter R. de Vries op straat is doodgeschoten.'

'Criminelen waren zelfs van plan om met een raketwerper de studio van *RTL Boulevard* aan het Leidseplein te bestoken als ik daar binnen was', zegt de misdaadverslaggever. Tafeldame Margriet Hermans – zangeres, actrice, tv-presentatrice, ex-politicus – kijkt benauwd. Dit is óók een studio en dit is óók Van den Heuvel. John glimlacht geruststellend. 'Ik wil jullie niet bang maken.'

Een paar dagen eerder zijn in de haven weer gewapende Nederlanders opgepakt, op weg om dood en verderf te zaaien. Van den Heuvel schetst het scenario van criminelen die nietsvermoedende vriendinnetjes meenemen als dekmantel om zo onopvallend mogelijk op de plaats des onheils aan te komen. 'De kopstukken zitten inmiddels vast, maar in België geldt waarschijnlijk hetzelfde als bij ons: de handel gaat in de cel gewoon door. De aanslag op Peter R. de Vries is georganiseerd vanuit een gevangenis.'

Verhulst toont een filmpje van een Belgisch crimineeltje dat een vuurwerkbommetje achter een auto gooit. Een sneu knalletje is het vervolg.

'Bij ons gaat het allemaal nog wat amateuristisch', zegt de presentator. 'Kan ook een eerste intimidatie zijn, als aankondiging van zwaarder geschut', reageert Van den Heuvel. 'Hier vlakbij in Breda hebben ze Bolle Jos, een zware crimineel. Hij staat in contact met Taghi en loopt nog altijd vrij rond. Ik vraag me af: wordt de problematiek wel genoeg onderkend?'

John van den Heuvel als de apostel van de treurige boodschap, op missie in het Vlaamse land.

Als Verhulst nog verder wegzakt in somberheid – 'we hebben hier in België een gevoel van machteloosheid, we denken dat we de oorlog aan het verliezen zijn' – acht z'n Nederlandse gast de tijd rijp voor een vleugje optimisme. 'Er zijn nog stappen te maken. Gewoon genadeloos ingrijpen. Zorg ervoor dat je de vraag naar drugs terugdringt. Pluk de handelaren kaal. Pak ze hun villa's, sportwagens en jachten af.'

Verhulst: 'Er wordt zelfs gesnoven op terrassen. Stap ik laatst de deur uit, stopt voor me een wagen. Raampje open. *Hé, Gertje, moet ge wat hebben voor uwen neus?'* Ik dacht eerst nog: wat is er mis met mijn neus? Maar er werd me dus coke aangeboden. Op stráát.'

Van den Heuvel: 'We zijn het normaal gaan vinden. En vergeet niet: drugsgeld vloeit terug in de maatschappij. In winkels, bedrijven, panden. Overal witwaspraktijken. Het moet voor die types op alle fronten onaantrekkelijker worden gemaakt.'

Als we Antwerpen uitrijden, gebruikt Van den Heuvel zijn mobieltje als tv'tje. Beelden van Wesley Sneijder en Andy van der Meijde die als gelegenheidstrainers de slechtste voetballers van Nederland onder hun hoede hebben gekregen. Vermakelijk gekneuter van goedbedoelende amateurs in de diepste kelder van de sport. Het leven is weer even onschuldig.

46

UIT DE DOEKEN

Hij tuurt bewegingloos en voor zijn doen opvallend lang door de glasplaat die De Nachtwacht scheidt van de mensen die er naar kijken. Dat zijn er deze avond in september niet veel. De Rembrandtzaal en de aanpalende Eregalerij van het Rijksmuseum zijn nagenoeg verlaten, zes beveiligers even daargelaten. Een onwerkelijk beeld, passend bij de tijdgeest. Zes professionele bewakers. Drie voor de beschilderde doeken, drie voor één mens: misdaadverslaggever John van den Heuvel. Gisteren nog in een tot tv-studio omgebouwd cultuurpand te België, vanavond in hét kunstpaleis van Nederland. Even niet hoeven praten over misdaad, hier in het Rijksmuseum draait 't voor deze speciale gelegenheid alleen om zijn persoon.

Hij blijft maar staren naar de onderkant van 's werelds beroemdste schilderij. Vanwaar die fascinatie? Is het de unieke lichtval waar Rembrandt beroemd om is? Zijn het de penseelstreken van de Meester die de journalist in hun greep hebben gekregen? Nee dus. 'Waar heeft de gek die met een mes op dit doek heeft ingestoken precies schade aangericht?' vraagt hij aan een bewaker van het museum. De man wijst naar de zwarte broek van kapitein Frans Banninck Cocq op het schilderij. 'Als je goed kijkt, zie je op zijn been een streepje van boven naar beneden. Daar is het mes doorheen gegaan.'

Van den Heuvel knikt. Hij is hier nooit eerder binnen geweest. Wel buiten, onder de boog die het linker en het rechter gedeelde van het imposante gebouw scheidt. Het museum lag in zijn district toen hij begon als jonge agent bij de Amsterdamse politie. 'Mochten we de buurt verkennen, reden we in ons busje onder de boog en daarin zit een luik waardoor De Nachtwacht in geval van een aanslag snel afgevoerd kan worden. Vond ik fascinerend om te zien.' En nu is hij hier – hoe raar kan het lopen in 't leven – om drie schilderijen te beoordelen. Drie doeken waarop hij staat afgebeeld.

Tijdje geleden heeft schrijver/presentator Özcan Akyol – beter bekend als Eus – hem voor het MAX-programma *Sterren Op Het Doek* geïnterviewd in het hart van voormalig gevangenis De Koepel te Arnhem. Drie kunstenaars luisterden mee. Van de man die ze zagen maakten ze – in combinatie met de woorden die hij over zichzelf sprak – een schilderij. Vanavond moet Van den Heuvel zeggen welk hij de mooiste vindt. Dat mag hij mee naar huis nemen. De andere twee worden geveild voor een goed doel.

We volgen hem in *petit comité* als hij van de Picknickruimte naar de zaal loopt waar de schilderijen staan opgesteld. Bij de ingang zegt de productieleider van het programma – een veel aardiger dame dan haar woorden doen vermoeden – : 'Alleen John kan naar binnen, de anderen moeten hier wachten.' Een beveiliger van de DKDB kijkt geamuseerd, maar toch ook een tikkeltje bedenkelijk. Hij werpt spiedende blikken door de ruimte waar immense afbeeldingen van Napoleon – naast koning Willem I – de wacht lijken te houden. 'Ik ga toch even kijken of er aan de achterkant niet een deur is.'

En dan is het stil. Doodstil. Tot Van den Heuvel bij de drie nog omgedraaide schilderijen wordt neergezet en de drie kunstenaars in een aangrenzende zaal op een bankje moeten gaan zitten voor een beeldscherm, waarop de 'ster van het doek' te zien is. Het loopje naar het bankje moet twee keer over voor het juiste shot. Drie keer legt de kunstenaar in de groene avondjurk op exact dezelfde manier haar linkerbeen gracieus over het rechter, waardoor de split een esthetisch verantwoord stukje bloot laat zien. Daar heeft ze thuis op geoefend.

Bij het eerste kunstwerk dat wordt omgedraaid ziet Van den Heuvel iets vreemds aan de ogen. 'De rechter lijkt wel van glas. Wel een mooi karakteristiek portret, maar ik herken mezelf er niet echt in.' Dat gaat 'm niet worden dus. Bij het tweede kán hij zichzelf niet herkennen: van de misdaadverslaggever geen spoor. 'Waar is John?', vraagt z'n vrouw Mariëtte, bescheiden op de achtergrond als een vermakelijk 'jurylid'. Pas wanneer het drieluik volledig is opengeklapt, wordt hij zichtbaar, zittend op een soort strandstoel, genietend van een leven zonder bedreiging. 'Goede schoenen', zegt Van den Heuvel. 'En de ontspanning in het tafereel spreekt me zeer aan.'

Als kunstwerk nummer drie met een ingebouwd lampje tot volle wasdom komt, is vooral Mariëtte enthousiast. 'Het lijkt wel St. Joris en de Draak', fluistert ze. 'Mooie symboliek: het goede tegen het kwade.' Ze kijkt nog even wat beter. 'O, er zitten vleugels aan hem. De Heilige Michaël. De aartsengel. Gaat een beetje erg ver hoor, om John daarmee te vergelijken.' Ze schudt haar hoofd.

'Het is wel een mooi kunstwerk, met dat glas-in-lood en die vorm van een kerkraam. Maar zijn hoofd op een engel met vleugels, dat gaat John echt niet op z'n kantoor hangen.' En inderdaad: Van den Heuvel kiest voor het drieluik. 'Voor de ontspanning', zoals hij het zelf zegt. Achter hem staat een immense klassieke en antieke wapenkast. Opdat hij zich nog een beetje in zijn element moge voelen. Waarom hij nummer drie niet heeft gekozen, wil Eus van hem weten. 'Dat beeld doet me toch een beetje denken aan een Hells Angel', zegt John. Mariëtte slaakt theatraal een diepe zucht. 'Ja hoor, het zal ook niet zo zijn.... Ik krijg een engel op mijn netvlies en hij een lid van een motorbende.'

Als hij voor een laatste opname nog even langs de Nachtwacht is gelopen – met Rembrandts *De Staalmeesters*, *Marten & Oopjen* en Vermeers *Melkmeisje* als stille getuigen – zegt Van den Heuvel over zijn keus: 'De kunstenares heeft ook goed naar mijn interview met Eus geluisterd. Ik zei dat ik soms behoorlijk moe word van mezelf. Daar is ze uitstekend op ingesprongen. Als ik bij het zien van haar schilderij denk *het is nu wel even genoeg geweest met die Van den Heuvel* sluit ik de luiken.'

47

AMALIA & DE BRIEVEN VAN TAGHI

Het is zondagochtend 11 september 2022– de rolkoffer staat al in de gang voor een *Ontvoerd*-tripje naar Oostenrijk – als John van den Heuvel een opvallende tip krijgt: er is iemand aangehouden in verband met een mogelijke aanslag op Mark Rutte. De misdaadverslaggever krijgt een tape te horen met een bekentenis van de verdachte. Op Schiphol belt hij met de politie: kunnen jullie alsjeblieft binnen twee uur reageren? Als hij is geland ziet hij het antwoord van de politiewoordvoerder in het schermpje van zijn mobiel en op z'n hotelkamer begint hij te tikken.

Bizar, denkt hij. Al weken is hij bezig met een andere zaak die los blijkt te staan van deze, maar ook gaat over bedreiging van Rutte. Een tipgever meldde dat er plannen zijn om kroonprinses Amalia en de minister-president te ontvoeren. Van den Heuvel is er ingedoken, onder het motto: één bron is geen bron. Is voorzichtig gaan polsen en uitpluizen wat er aan de hand is, zonder slapende honden wakker te maken. Er komen steeds meer aanwijzingen dat het verhaal klopt. Later in de week gaat hij er over bellen met de Rijksvoorlichtingsdienst en het ministerie van Justitie.

Maar eerst is er de vader die zijn zoontje na tien jaar dolgraag terug wil zien. Het ventje – twee toen – was meegenomen door z'n moeder, opa en oma en sindsdien spoorloos verdwenen. De redactie van *Ontvoerd* heeft z'n verblijfplaats gevonden – een pensionnetje in Oostenrijk – en er is een ontmoeting georganiseerd. Ze zitten 's avonds tot laat te bespreken hoe ze de zaak gaan aanpakken. Vergeefse moeite, achteraf. De volgende dag blijkt de hereniging te moeten worden uitgesteld. Wachten dus, terugvluchten omboeken. En nog meer stress voor de vader. In z'n hotel gebruikt John van den Heuvel de extra tijd om te bellen met een collega van de parlementaire redactie die goede ingangen heeft in Den Haag.

'Kun jij bij jouw bronnen informeren of de ontvoeringsdreiging voor prinses Amalia klopt?'

Zelf twijfelt hij nog of ze het verhaal in de krant moeten meenemen. Hij weet uit ervaring hoe groot de impact van publiciteit over je beveiliging kan zijn. Het geeft extra druk. Maar weegt het bredere maatschappelijk belang in dit geval niet zwaarder dan het persoonlijke belang? Hebben we in Nederland niet het recht om te weten dat de misdaad inmiddels zelfs niet terugdeinst voor ontvoering van de kroonprinses en de premier? Wat hij van de collega te horen krijgt, brengt hem dichter bij het besluit om het verhaal toch te schrijven. De misdaadverslaggever neemt contact op met de Rijksvoorlichtingsdienst en Justitie en wacht hun reactie af. Vrij snel wordt hij teruggebeld: *kom er over praten zodra je terug bent.* Dus rijden zijn beveiligers hem op vrijdag 16 september van Schiphol linea recta door naar Den Haag. Om half twaalf landt hij, om half één zit hij tegenover de hoeders van de koninklijke familie en de staat. Onderweg heeft hij vanaf de achterbank overlegd met de redactie van *De Telegraaf.*

‘Het kan zijn dat ze in Den Haag zeggen: breng het artikel nog niet, want je frustreert het onderzoek ermee’, zei hij. ‘Of de personen in kwestie trekken het niet of er zijn andere moverende redenen. In dat geval moeten we kijken wat we gaan doen. Hou voor de zekerheid andere verhalen voor de voorpagina en de pagina’s twee en drie achter de hand.’ Het alternatief is om de onthullingen over Amalia een week later te brengen, pal voor de algemene beschouwingen in de Tweede Kamer. Van den Heuvel vraagt zich af: *houden we ’t nieuws wel zo lang droog? Mensen gaan zich toch afvragen waarom de prinses niet in haar studentenhuis woont en waarom er een cordon van beveiligers om haar heen loopt. Het gaat ongetwijfeld uitlekken.*

Hij bereidt zich voor op een stortvloed aan argumenten van RVD en Justitie om het verhaal in ieder geval voorlopig niet te brengen. Om sterker te staan heeft hij gevraagd of de parlementaire verslaggever ook bij het gesprek aanwezig kan zijn.

Tijdens het overleg van een half uur blijkt plan B – drie andere pagina’s - in de kast te kunnen blijven. De verwachte felle tegenwind is hooguit een briesje. Om één uur belt hij de hoofdredactie: groen licht. De volgende ochtend staat het verhaal in de krant en ziet hij het bekende mechanisme. Aan de ene kant de geschokte reacties: *wat heftig, wat treurig, wat zielig voor de prinses.* En aan de andere kant de tegenbeweging van vooral de betrokken advocaten, met Inez Weski voorop. ‘Mijn cliënt Ridouan Taghi ontkent met klem betrokkenheid bij mogelijke plannen om prinses Amalia en premier Rutte te ontvoeren’, luidt haar verklaring.

De bekende advocatentruc, denkt Van den Heuvel. Iets ontkennen dat niet is geschreven. *In het verhaal wordt de naam Ridouan Taghi nergens direct in verband gebracht met de ontvoeringsdreiging voor Amalia en Rutte.* Vol afschuw ziet hij wat de strafpleiter als spreekbuis van de drugscrimineel nog meer heeft te melden. 'Mijn cliënt stelt met nadruk dat hij kinderen nooit iets zal aandoen.' Hij leest en huivert. *Macabere tekst van een man die er niet voor terugschrikt om iemand te laten liquideren in het bijzijn van een zevenjarig meisje, dat wonder boven wonder niet door kogels wordt geraakt. Hoe stuitend. Hoe hypocriet.*

In de reportage over Amalia is ook de briefwisseling verwerkt van Taghi en Mohammed B., waarover Van den Heuvel een paar weken eerder op de achterbank van de DKDB-wagen onderweg naar *De tafel van vier* in Antwerpen al heeft verteld. 'Zodra ik meer bronnen heb, komen we er mee naar buiten', zei hij toen. Bellend vanuit Oostenrijk heeft hij die bronnen gevonden. Amalia & de brieven van Taghi, ze zorgen voor een explosieve mix in de zaterdagkrant van 17 september.

48

KLUIFJES EN KONTENKRUIPERIJ

In dezelfde krant staat op pagina 16 het bericht: WESKI WIL VRIJSPRAAK TAGHI. 'Het OM heeft wetten overtreden.' Pijnlijk?

'Nee, daar heb ik geen enkele moeite mee. Ze doet haar werk en ik denk dat ze steeds vaker met de moed der wanhoop staat te pleiten. Misschien denkt ze wel: *ik ben het eens met de eis van het Openbaar Ministerie, sluit 'm de rest van z'n leven maar op.* Maar ze kan 't nooit zeggen.'

Hoe kijk je aan tegen de publicaties – ook in de eigen krant - over de openbaar gemaakte briefwisseling van Ridouan Taghi en Mohammed B.?

'Meewarig. Ik heb tegen de eindredactie gezegd: 'Meenemen, want dat geluid moeten we ook laten horen. Dan geef ik er aansluitend wel mijn visie op.' En dát gebeurt bij veel media dus niet. De angst om gevaarlijke criminelen op hun lange tenen te trappen is groot. Ik vergelijk het een beetje met hoe het in Suriname gaat. Op papier is daar persvrijheid, maar iedereen is er te benauwd om iets over Desi Bouterse en andere drugsbaronnen te schrijven. Dan word je meteen bedreigd of omgelegd en vinden ze je lichaam in de Surinamerivier. Hetzelfde dreigt in Nederland te gebeuren. Met als gevolg dat misdaadnieuws nauwelijks nog wordt geduid. *Wat betekent dit verhaal, welke verborgen agenda's zitten erin?* Een enkeling doet dat nog. Voor de rest is het huilen met de wolven in het bos. Als je een beetje ballen in je broek hebt, ga je toch niet zo'n onzinverhaal schrijven over Taghi die opening van zaken geeft over zijn briefwisseling met Mohammed B.? Heeft hij alle brieven openbaar gemaakt? En wie zegt dat er geen boodschappen in verborgen zitten? Sommige misdaadverslaggevers krijgen van Weski een paar kluifjes toegeworpen. Ze pakken het groot op en hebben dan niet meer het kritische vermogen om er journalistiek naar te kijken. Kontenkruiperij noem ik het.'

49

UIT ONVERWACHTE HOEK

De ochtend na de hectische Amalia-zaterdag zit hij met Mariëtte in het vliegtuig naar Sardinië. Een paar dagen samen, voordat zij terugreist en hij op het eiland blijft voor opnamen van het programma *Lago di Beau*, waarin-ie samen met Ronald Koeman te gast is. Op Schiphol is hij opgewacht door drie tv-ploegen die een reactie van hem wilden op het zaterdagverhaal. In de lucht zegt Mariëtte: 'Als we straks landen, blijft toch wel die telefoon uit, hè.' Hij slaagt er in om het apparaat een paar uur op stil te houden. Voor de donderdagkrant schrijft hij in z'n opinie: *vertrouw Weski niet op haar zwartomrande ogen.*

Dezelfde dag wacht Beau van Erven Dorens hem op met zo'n opvallend grote Rik Felderhof-hoed, die extreme ontspannenheid doet vermoeden. Ze varen naar een vorstelijk landhuis op de punt van een rots. Beau laat hem de gastenslaapkamer zien. Er hangen jeugdfoto's en een PSV-shirt. 's Avonds kijkt John van den Heuvel met Ronald Koeman naar Polen-Nederland. Deskundig commentaar van de toekomstige bondscoach opsnuiven. De misdaadverslaggever luistert gebiologeerd. Het is er aangenaam, hij lacht veel met Koeman en Beau, maar het is voor hem wel eenmalig, de hele dag met een camera voor je snufferd. Zit je te ontbijten…

Links een cameraman, rechts een cameraman en ertussen een geluidsman. *Je moet er toch niet aan denken om in zo'n real-life-soap te zitten*, bedenkt hij zich op weg naar vliegveld Olbia.

Terug in Nederland valt hij weer onmiddellijk met z'n neus in de boter. Hij krijgt de prettige mededeling dat het lek in de beveiliging van de *RTL Boulevard*-studio is gedicht. 'Iedereen staat weer op scherp.' En op zondag schrijft advocaat Juriaan de Vries op twitter, verwijzend naar het brievenartikel van Crimesite met als kop **Taghi: geen uitwisseling fundamentalistische teksten met Mohammed B.**:

Maar ondertussen leeft met dank aan John van den Heuvel en De Telegraaf *in de samenleving al weer een heel ander beeld van de werkelijkheid. Hij en zijn krantje op hun best. Riooljournalistiek tot en met en niemand, anders dus dan Crimesite, die er überhaupt iets van durft te zeggen.*

Reactie van columnist Rob Hoogland op hetzelfde sociale platform:

Dank voor deze info, Mr. Juriaan. Ik zal tegen John zeggen dat hij zijn beveiligers naar huis kan sturen.

Juriaan de Vries: *Kan je me niet gewoon ontvolgen? Heb jarenlang geen last van je gehad en was heerlijk. Zit bovendien niet te wachten op dit soort walgelijke en impliciet suggestieve reacties.*

De 'aanval' op John van den Heuvel sneeuwt onder als nog geen twee dagen later in de rechtszaak tegen de neef van Ridouan Taghi al weer een nieuwe bom van woorden ontploft. Volgens de advocaat van de neef – André Seebregts – heeft collega Inez Weski berichten van Ridouan Taghi doorgespeeld. John van den Heuvel zit thuis te werken als hij tweets van rechtbankverslaggever Saskia Belleman over de zaak leest. *Door friendly fire onder vuur genomen.* Hij is verrast. Wist dat er wat speelde rond Weski, maar was voorzichtig, om geen lopende onderzoeken kapot te maken. Er zat al een proces verbaal over in het dossier, met gespreksfragmenten over haar. *Wel hoogst verrassend dat Seebregts er in de verdediging gebruik van maakt*, denkt Van den Heuvel.

Hij probeert het beeld compleet te krijgen, zoekt naar de logica. Seebregts brengt met zijn verklaring niet alleen Weski, maar ook Taghi in een lastig parket. In feite suggereert hij dat de crimineel zijn eigen advocaat zwaar onder druk zet. Taghi zal daar niet blij mee zijn, tenzij Seebregts er contact met hem over heeft gehad. Van den Heuvel leest de volgende dag een bevestiging van die vermoedens in een analyse van Belleman: *zou Taghi om z'n neef te redden zijn eigen advocaat voor de bus gooien?*

De misdaadverslaggever weet dat Taghi tegen een medeverdachte heeft gezegd: 'Doe jij je ding, vertel wat je moet vertellen, ik heb toch al levenslang, red jij maar je vege lijf'. Kan goed zijn dat de bendeleider Weski offert voor zijn neef. Het is een bekend adagium in de advocatuur: je eigen cliënt is je grootste vijand. Je kunt nog zo goed de verdediging voor elkaar hebben, één verkeerde actie van je cliënt en je zit met gatenkaas. Van den Heuvel vouwt de krant dicht. Kan nog spannend worden met die Taghi.

Zo'n beetje gelijktijdig maakt minister Weerwind bekend dat het regime in de extra beveiligde instelling te Vught strenger wordt. 's Avonds zit advocaat Clarice Stenger in RTL Boulevard. 'Op basis van één incident', hoort John van den Heuvel haar zeggen. 'Zo'n gevangenis moet natuurlijk wel humáán blijven.' Thuis vanaf de bank kijkt hij er met verwondering naar. 'Op basis van één incident... Hoe komt ze erbij?' zegt hij tegen het tv-scherm. *Iemand die daar aan de desk staat, zou toch wel iets meer respect mogen tonen voor iemand die daar ook aan de desk stond en op beestachtige wijze is vermoord. Humane behandeling... Humaan, humaan, humaan. Iets meer realiteitszin zou op z'n plaats zijn als je het hebt over een crimineel die zelfs vanuit de gevangenis zijn bende aanstuurt.*

Hij voelt de drang om zijn Opinie te schrijven – uiteraard over Inez Weski – maar de donderdagkrant is nog ver weg. Misschien maar beter ook, zo'n verplichte denkpauze. Uit je gevoel schrijven kan louterend werken, maar soms ook olie op het vuur gooien. Hij heeft er goed over nagedacht als hij op woensdagmiddag begint te tikken in het kantoor van z'n woning die is verworden tot safehouse.

De aanval kwam dit keer uit onverwachte hoek. Niet het Openbaar Ministerie, maar advocaat André Seebregts haalde de trekker over en suggereerde dinsdag onverbloemd dat één van 's lands bekendste strafpleiters Inez Weski een doorgeefluik is voor haar cliënt Ridouan Taghi.

Hij heeft het gevoel dat ze verpulverd wordt in het mijnenveld van tegengestelde belangen. Kent haar al lang. Is het vaak niet met haar eens, maar dat geldt voor veel meer strafadvocaten. Er is respect, hij voelde vooral medelijden toen-ie zag hoe ze aangeschoten wild werd. Ze heeft een cliënt met een buitengewoon sterk karakter, veel invloed en nog meer macht. Een meedogenloos persoon. En als zo'n figuur dan tegen jou zou zeggen: *je weet wat er met Derk Wiersum is gebeurd... Jouw zoon is toch ook advocaat...*

Van den Heuvel schrijft verder. Somt feiten op, plaatst er kanttekeningen bij, totdat hij komt bij de meest explosieve zin van z'n betoog:

Er zijn advocaten voor veel minder van het tableau geschrapt.

Hij tikt de woorden zonder een spoortje van euforie. Er is geen gevoel van triomf. Past niet in het bizarre decor waarin hij al vijf jaar leeft. In dit verhaal... Van een extreem beveiligde misdaadverslaggever, van een vermoorde collega, van een geliquideerde advocaat, van een zwaar beschadigde strafpleiter, van criminelen met levenslang. Van gepantserde auto's, van kogelvrij glas, van verdwenen vrijheid... Dit is niet het verhaal van winnaars. Van helden. Dit is het verhaal van meedogenloze misdaad. Van gewetenloze moordenaars. Over wie John van den Heuvel blijft schrijven. En praten. Onverzettelijk.